The Future of Entertainment 2031

エンタメの未来2031

北谷賢司

エンタメの未来2031

北谷賢司

はじめに

　エンターテインメント産業は日本では「業界」、英語圏では「アワー・ギグ（我々の興行）」「ランズメンズ・ワールド（親友の結束による世界）」などと称されるように、世の東西を問わず、その内部構造を外からうかがい知ることは困難を極め、ともすれば怪しげな存在であった。「ハリウッド・アカウンティング（映画産業独特の通常の産業とは異質で難解なスタジオ側に有利な会計方式）」に対しても、多くの挑戦者がその透明性を求めてきたものの、解明は難航した。しかし、リアルタイムの双方向通信を世界人口に対して可能にしたインターネットと高速モバイル通信の普及により、100年以上業態を固守してきた映画産業も、半世紀以上、権益を守り続けていた地上波テレビ放送産業も、ここ数年で変革を受け入れざるを得なくなった。今、GAFA（グーグル、アップル、フェイスブック、アマゾン・ドット・コム）に代表される情報技術（IT）を基盤とする新規参入者の登場により、エンターテインメント産業は急速に変貌を遂げている。

　すべてのコンテンツはデジタル化された途端、合法、違法を問わず複製され、インターネット経由で世界中に拡散されてしまう。当初、エンターテインメント産業は著作権の擁護に注力し無償のコンテンツ視聴を受け入れず、海賊版の根絶を目指していたが、CM付きの適法無償配給を行い、より多くの視聴者を獲得する方が経営効率化に貢献することに気付き、「ユーチューブ」など著作権者の権益を擁護するプラットフォーム利用を促すことで新たな収益を追求することが普遍化した。ネット配信とＳＮＳの併用により、スポーツ観戦者と視聴者がリアルタイムでチャットを交わしながら応援を楽しみ、コンサート会場にいるファンとライブ配信を視聴するファンがＳＮＳで盛り上がりながらショーを楽しむなど、リアルとバーチャルの壁が崩れ始めている。まさにデジタル化、インターネット、モバイル通信がエンタメ・コンテンツを、時空を超えて入手できる時代をもたらしているのである。

私は、放送記者としてマッカーシー上院議員による赤狩りの欺瞞を果敢に告発し終息させたことで、テレビの報道機関としての礎を築いたエドワード・マーロウに憧れ渡米した。私が座右の銘としているのは、「高名な大学教授の自宅を訪問した際、応接室での君と教授の会話を、隣の台所で教授のメイドと恋人のトラック運転手が興味深く聞き耳を立てているとしよう。放送記者は、教授に知性と見識を評価されながらも、２人の傍聴者が理解でき興味を持てる話ができなければならない」という彼の教訓である。

本書『エンタメの未来２０３１』は、世界規模で１００年に一度の劇的な変化を遂げるエンターテインメント産業の現況と課題を解明、これから10年後、つまり書名とした

2031年頃の展開を予測するものであるが、マーロウの教訓に従い、業界に携わる方々に欧米の最新情報と分析を提供するとともに、一般読者の方々にも、その潮流と国内への影響を簡易にご理解いただけるよう著述、構成した。

大きな転換期の中で主導権争いの象徴的な出来事となった米通信大手AT&Tによるエンターテインメント事業からの撤退劇を描いた導入部の「プロローグ」、本書の全体像を記した第1章の「総論」に続き、第2章以降は「映画」「放送」「音楽」「スポーツ」「演劇」というエンターテインメント産業を構成する大きな5つの分野について未来の姿を展望する。その中心は、主に日本よりも7~8年先を進む米国のエンタメ産業の先進事例を中心とした、まさに今そこにある未来である。そして、未来像を支える背骨となるのは、前述したように新興勢力による先端ITを基盤とした新しいサービスだ。

新型コロナウイルス感染症（COVID-19）による世界規模のパンデミックは、エンターテインメント産業のエコシステムを壊滅寸前まで追い込んだ。特に音楽や演劇、スポーツの興行は軒並み開催不能に陥った。映画に代表される映像ビジネスでも、劇場と制作現場は感染予防対策でサプライチェーンが分断された。回復には少なくとも2年を要するとみられている。

しかし、エンターテインメント産業は、古代から疫病や大恐慌、戦争、テロが勃発しようとも、滅亡することなく、新たな活路を見いだし人々の生活の中で巧みに存続を図ってきた。このことは歴史が証明している。

例えば、在宅時間が大幅に増加した消費者にオンラインで音楽や映像を届けるサービスは、コロナ禍にむしろ驚異的な躍進を遂げた。スポーツではブロックチェーン技術でファンのエンゲージメントを高める新ビジネスやｅスポーツの新しい潮流が生まれ、演劇でもＩＴを活用してライブとは異なる切り口のエンタメを提供する試みが進んでいる。こうした新しい変化の潮流を的確に分析し、エンターテインメント産業の未来像を読み解くことは至難ではあるが、価値ある試みであると確信している。

２０２１年10月

北谷賢司

目次

第5章 スポーツ

187

NFTにファントークン 暗号資産はプロスポーツを救うか

若手ファンの流出に歯止め／超絶プレーをNFTで売買／NFTがスポーツ界を席巻／「ファントークン」が急拡大／暗号資産の未来は国家次第／愛着感をお金で強化／ライブ中継もストリーミングへ／生放送でもインタラクティブ／1人称映像やプレーの予測も／鍵はファンのコミュニティー／新しい中継スタイルが必要／ファン中心の番組に／eスポーツとの連携は黎明期／現実を超えた楽しみへ／ファンがチームの一員に／プロリーグまでファンが操る／プレーヤーをNFT化／人気が出ずに終わる場合も／ファンもバーチャル空間に／すべてはメタバースへ／リアルもメタバースの一部／スタジアムはとことんスマートに／先進技術に旧弊の足枷／日本のプロリーグの未来

※本書の「プロローグ」～「第6章」に登場する人物名は敬称略とした。

プロローグ

10兆円のエンタメ撤退劇――AT&Tは何に負けたのか

世界のエンターテインメント産業は、かつてない大変革の渦中にある。猛威を振るったコロナ禍を経て格段に強化された情報技術（ＩＴ）が、映画や音楽、スポーツといった各種のエンターテインメントを質・量ともに空前の水準に引き上げていく。

この動きがもたらす巨大市場をにらみ、エンタメの中心地である米国では企業の主導権争いが激化している。ハリウッドの映画スタジオをはじめとする既存のエンタメ企業から、ケーブルテレビや携帯電話を牛耳る巨大な通信企業、ＧＡＦＡ（グーグル、アップル、フェイスブック、アマゾン・ドット・コム）を筆頭にした新興勢力までが火花を散らす乱戦模様だ。

ところが２０２１年５月、強者の一角を占めた主要企業が白旗を揚げた。米国の通信大手、ＡＴ＆Ｔである。巨額の資金を費やし関連企業の買収を続けてきた同社は、その成果であるワーナーメディア事業を分離し、大手メディア企業の米ディスカバリーと統合した新会社を発足すると発表。映画をはじめとするコンテンツ制作や動画配信などのメディア関連事業から、事実上、手を引く形になった［1］。

エンターテインメント事業への参入に合計10兆円以上の資金を注ぎ込んだＡＴ＆Ｔは、なぜ挫折したのか。その理由をひも解くと、これからの市場で勝ち残る企業の条件や、将来のエンターテインメントの姿がうっすらと浮かんでくる。

同社の決断は、やはりエンタメ・コンテンツの活用に苦戦する日本企業の先行きをも暗示する。国内でもエンターテインメントを事業拡大のテコにしようと目論むＩＴ／通信大手は数多い。スポーツ球団の運営から動画配信まで手掛けるソフトバンクや楽天はもちろん、ＮＴＴドコモも名古屋や神戸におけるアリーナへの積極投資や、プロバスケットボールのＢリーグ球団の株式取得などに乗り出した。

これら新勢力の参入は、先端技術や斬新なビジネスモデルを駆使した新たなエンターテインメント体験をもたらし得る。ところが実際には、当初のスローガン通りにコンテンツと通信事業の相乗効果を生むどころか、営利事業化すら厳しい道のりにあるのが現状である。ＡＴ＆Ｔの過ちは、国内の通信、放送、コンテンツ産業の再編成にも大きな戒めを与えそうだ。

時代遅れのスタート

まずは、エンターテインメント産業の最前線で一敗地に塗れたＡＴ＆Ｔの軌跡を追ってみよう。

ＡＴ＆Ｔがエンタメ事業に本格的に乗り出したのは２０１５年のことである。米国の衛星放送最大手、ディレクTVを買収した。AT&Tが投じた金額は実に671億ドル。1ドル＝110円換算で、7兆3800億円を上回る。

同社がこれだけの大枚をはたいた理由は、膨大なサービス加入者数にあった。ディレクTVは2015年末時点で1980万件もの受信契約を擁していた[2]。AT&T自身が始めたブロードバンドによるテレビ番組配信サービス「ユーバース（U-verse）」の契約者数、560万件と合わせれば、有料（ペイ）テレビの強力な基盤（プラットフォーム）を手中にできる。これを携帯電話やブロードバンド・サービスとの一括販売に利用することで、圧倒的な市場優位性を確保できるとAT&Tは考えたわけである。

ただしこの構想は、最初から問題をはらんでいた。ディレクTVの事業が既に下り坂にあったことだ。米国では既に、「コード・カッティング現象」が急速に進み始めていた。ブロードバンド経由で提供される新興のサービスに乗り換えた顧客が、衛星放送やケーブルテレビの「コードを切る」、すなわち契約を解除する現象である。新時代のサービスとして台頭しつつあったのが、ネットフリックスなど、好きな番組をいつでも見られるサブスクリプション型（定額の会員制）のビデオ・オン・デマンド（VOD）サービス、いわゆるSVODだった。

ディレクTVの買収は、証券アナリストや経済記者から見れば完全に失策でしかなかった。AT&Tが期待した通信と有料テレビの融合モデルは端から破綻していたのである。

その後もコード・カッティングの動きは容赦なく広がり、当初は合わせて約2500万件あった契約者数は、2020年末には1650万件まで減少した[2]。追い込まれたAT&Tは、2021年2月にディレクTVを分離し、その株式の3割を売却すると表明する。新会社の企業価値は163億ドルと、671億ドルだった投下資本に対して4分の1未満に目減りしていた。日本円に換算して、5兆5000億円以上の減額である。

「土管屋」からの脱却

AT&Tも、コード・カッティングの進行を見過ごしていたわけではない。既に2013年の時点で、同社はSVODサービス「Hulu（フールー）」の買収を試みている。ただしこの一手は不発に終わった[3]。2016年には、ブロードバンドで有料テレビを楽しめる「ディレクTV ナウ」を立ち上げるも、不当な販売戦略で契約数を水増しするなど苦戦を強いられ[4]、反転攻勢にはほど遠かった。

そこで浮上したのが、エンターテインメント大手の米タイムワーナーの買収である。タイムワーナーの主要な資産には、ハリウッド・メジャースタジオの一翼を担うワーナー・

ブラザース、有料テレビの最大企業であるＨＢＯ、ＣＮＮなど多くの放送ネットワークを傘下に持つターナー・ネットワーク・テレビジョンが含まれていた。何より、「バットマン」「スーパーマン」などＤＣコミック原作の作品や「ハリーポッター」シリーズといった映画作品、「ゲーム・オブ・スローンズ」などのテレビ番組、さらにはビデオゲームからプロスポーツ中継まで、多彩な人気コンテンツを山ほど抱えていた。

ＡＴ＆Ｔは潤沢なコンテンツを手中にすることで、コード・カッティングへの対処はもちろん、本業である通信事業でも優位に立てると考えた。魅力あるコンテンツと携帯電話やブロードバンド通信を抱き合わせ販売することで、新規顧客を開拓しつつ既存ユーザーの解約・流出を防止できると信じたのだ。

そもそも、通信のパイプだけを供給するビジネスは日本では「土管屋」とも呼ばれ、行政の厳しい監督下に置かれる一方で事業の自由度が低い。パイプの中を流通する情報と、それを消費する顧客のデータを活用すれば、より大きな売り上げと利益を確保できるという目論見もあった。ＡＴ＆Ｔの顧客データを、タイムワーナーのコンテンツ視聴者の個人データと統合すれば、ターゲットを絞り込んだ高額な広告の販売や、精度の高いコンテンツのリコメンドなどが理屈の上では可能になる。

10兆円規模の賭け

　ＡＴ＆Ｔがタイムワーナーの買収を発表したのは２０１６年10月。ディレクＴＶのケースを上回る８５４億ドルもの巨額で一連の資産をすべて買収した。タイムワーナー自体の負債を含めると実際には１０８７億ドル、日本円でおよそ12兆円を投じたことになる[5]。２０１９年に米ウォルト・ディズニーが、メディアの帝王として著名なルーパート・マードックから21世紀フォックス（映画事業のみ）を買い取った際の７１０億ドルも大きく超える、歴史に残る買い物だった。

　ただし買収はスムーズには進まなかった。通信大手とコンテンツ大手の合併は、当然ながら独占禁止法抵触の嫌疑を司法省に掛けられ、許諾の判断は裁判所に委ねられた。買収を認めた一審の判決を、米連邦控訴裁判所が支持したのち、司法省が上訴を断念したのは２０１９年２月[6]。ここに至ってようやく、通信事業とコンテンツ事業の垂直統合は適法との判断が確定した。

　この間の２年強で、映像メディアを中心としたエンターテインメントを取り巻く状況は大きく変わった。米国では２０１８年に、「ネットフリックス」や「アマゾン・プライム・ビデオ」といったＳＶＯＤサービスの加入者数が、ケーブルテレビの加入者数を初めて上回った[7]。もはや、従来のテレビや映画は時代遅れになり、ブロードバンド経由のSVODサービスが映像メディアの主役になることは誰の目にも明らかだった。

最強企業が続々参入

2019年に入ると、SVODサービスの市場競争は一挙に過熱する。これ以上なく強力な企業が、相次いで参入を決めたのである。同年11月、ハリウッドスタジオ最大手のディズニーと、時価総額で世界最大企業の座を争うアップルが、それぞれ独自のSVODサービスを開始。AT&T傘下に入ったタイムワーナーはワーナーメディアと名前を変え、2015年に始めたSVODサービス「HBOナウ」を提供していたものの、劣勢は隠しようもなかった。

そこでAT&Tが画策したのが、新たなSVODサービス「HBOマックス」の立ち上げである。2019年7月の構想発表から1年弱、2020年5月27日にHBOマックスはサービスを開始する。翌28日、新型コロナウイルスによる米国の死者数が累計10万人を超えるなど[8]、危機的な状況下での船出だった。ただし、屋外や集団での活動を制限された消費者は、余暇を満たし不安を癒やす手段として、オンラインのエンターテインメントを切望していた。SVODサービスには、ある意味で追い風が吹いていた。

それでもHBOマックスは、競合サービスの後塵を拝し続けた。2020年末の時点で米国におけるHBOマックスのアクティブユーザー数は1717万人[9]。同時期に北米だけで7390万件、全世界では2億件超の契約を握った王者ネットフリックスばかりか、全世界で1億近い契約を獲得した新興の「ディズニー＋（プラス）」にさえ大きく水をあけられていた[10][11]。SVODサービスのHBOマックスに、既存のケーブルテレビや衛星放送などの顧客を合わせたHBO全体でも米国の契約者数は4150万件に過ぎず、有料テレビで築いたアドバンテージは色褪せてしまいかねなかった。

パンドラの箱を開ける

業を煮やしたワーナーメディアは、起死回生を託した驚きの手段に打って出る。2020年12月、同社の発表が多くの業界関係者を仰天させた。2021年に傘下のワーナー・ブラザースが公開予定の新作映画・全17作品を、劇場公開の初日からHBOマックスでも視聴可能にすると表明したのである[12]【図0－1】。

それまで米国の商習慣では、新作映画は公開初日から90日間は劇場のみで上映され、その後は都度課金（ペイ・パー・ビュー）方式の有料放送での放映が続き、HBOマックスのようなSVODサービスで公開するまでには相応の期間を設けるのが当たり前だった。この時間差を一挙にゼロにする奇策は、映画業界の「パンドラの箱」を開ける所業といえた。

コロナ禍という非常事態の下、この決断につながる伏線がなかったわけではない。多くの劇場が封鎖された状況で収益を確保する手段を、ハリウッドの大手映画スタジオはそれぞれ模索してきた。ディズニーは

図0-1 ワーナーメディアが劇場とHBOマックスで同時公開を決めた新作映画

The Little Things（リトル・シングス）
Judas and the Black Messiah（ユダ&ブラック・メシア 裏切りの代償）
Tom & Jerry（トムとジェリー）
Godzilla vs. Kong（ゴジラvsコング）
Mortal Kombat（モータルコンバット）
Those Who Wish Me Dead（モンタナの目撃者）
The Conjuring: The Devil Made Me Do It（死霊館 悪魔のせいなら、無罪。）
In the Heights（イン・ザ・ハイツ）
Space Jam: A New Legacy（スペース・プレイヤーズ）
The Suicide Squad（ザ・スーサイド・スクワッド "極"悪党、集結）
Reminiscence（レミニセンス）
Malignant（マリグナント 狂暴な悪夢）
The Many Saints of Newark
Dune（DUNE/デューン 砂の惑星）
King Richard
The Matrix 4
Cry Macho（クライ・マッチョ）

*公開予定日順、()内は邦題

（出所：ワーナーメディアの発表を基に作成）

２０２０年3月に公開予定だった新作映画「ムーラン」を、ディズニープラスでの独占公開に切り替えた[13]。米ユニバーサル・ピクチャーズはＡＭＣエンターテインメントなど米国の大手映画館チェーンと、ＶＯＤで公開するまでの期間を大幅に縮める契約を結んだ[14]。ワーナーメディア自身も、年末のホリデーシーズンに向け2億ドルをかけて制作した大作「ワンダーウーマン１９８４」を、劇場とＨＢＯマックスで同時公開すると同年11月に宣言している[15]。

ただしこれらの方策は、不利益を被る劇場側にあらかじめ根回しし、興行収入の取り分を上乗せするなど一定の配慮を加えていた。ところが２０２０年12月のワーナーメディアの発表は、ほとんどの業界人にとって寝耳に水だった。ＡＭＣなどのシネコン大手は一斉に懸念を表明し、制作サイドからの批判も噴出した。ワーナー向けに「ダークナイト」「インターステラー」といった大作を次々に発表してきた映画監督のクリストファー・ノーランは、映画産業の構造を破壊する行為だと非難。同監督が、今後ワーナーとは契約しない可能性も指摘されている[16]。ワーナーメディアが繰り出した一発逆転の秘策は、業界全体を敵に回す劇薬でもあったのだ。

２０２１年半ばの時点でワーナーメディアは、今回の措置は２０２１年だけの特例とし、２０２２年以降は新作の半分を劇場、半分はＨＢＯマックスを優先する「ハーフ・アンド・

「ハーフ戦略」を打ち出している[17]。それでも、制作・配給サイドの不信は拭い去れない。一度、消費者が同時公開に慣れてしまったら、古臭い公開方式への逆行に不満が爆発しかねないためだ。

米国の映画チケットの平均単価は9ドル強[18]。これに対して、HBOマックスの月額料金は14・99ドル。膨大な過去のコンテンツに加えて、話題の新作を追加料金なしで視聴できるのであれば、視聴者が魅力を感じるのは当然である。逆に、新作の同時リリースが突然打ち切られたら、HBOマックスの値打ちは半減する。ワーナーメディアが契約者数を高い水準で維持するためには、コロナ禍でなければ劇場に先行配給する作品を、少なくとも当面は並行公開せざるを得ないだろう。

エンタメ知らずの「ベルヘッド」

よくいえば大胆不敵、悪くいえば粗雑なワーナーメディアの打ち手に見え隠れするのは、コンテンツを財務諸表上の数字としてしか見ないような姿勢である。極論すれば、コンテンツの中身は問わず、利益さえ生めばよしとするドライな態度がうかがえる。

実際、ディレクTV事業のトップや、コンテンツ事業の最高責任者を務めたAT&Tの現CEOのジョン・スタンキーは、HBO社員との初顔合わせで、自らを「ベルヘッド」(以前のAT&Tでは、釣り鐘形ベルのロゴマークがついた工事用ヘルメットが幅広く着用されていたことに由来する半ば自虐的な呼び名)と称し、貪欲に成長を目指す文化を持ち込むことを示唆した[19]。自由闊達なエンタメ企業の現場を、重厚長大な古い企業の論理で縛ろうとしたのである。

こうしたやり口でエンタメ業界の強敵と渡り合うのは至難の業である。現に、AT&T傘下でワーナーメディアはちぐはぐな結果を残してきた。2019年5月、当時AT&TのCEOだったランドール・スティーブンソンは、「ゲーム・オブ・スローンズ」などの人気コンテンツをワーナーメディアのSVOD(後のHBOマックス)で独占配信するために、競合する有料テレビやSVODへの提供を取りやめる方針を発表[20]。この策はライセンス収入の大幅な落ち込みをもたらした[21]。一方で、HBOマックスの加入者数をどこまで押し上げたのかははっきりしなかった。

開放的な企業文化でヒット作を生み出してきたHBOに対するAT&Tの締め付けは厳しく、長年CEOを務めたリチャード・プレプラーなど主要幹部の離脱を招いた[22]。2020年にAT&TがHBOマックスに付与した制作予算はわずか20億ドルにすぎず、ネットフリックスが投じる予定だった173億ドルの1割をわずかに超える程度であった[23]。

２０２０年11月、ワーナーメディアは幅広いコストカットを狙ったリストラを断行。整理の対象となった人員は１２５０～１７５０人にも達した[24]。

Ａ Ｔ＆Ｔのメンタリティー

ワーナーメディアの不手際なハンドリングの原因は、経営トップ個人の資質だけではないだろう。恐らくその根は、長い年月で醸成されたＡＴ＆Ｔの企業文化にある。そもそも買収による成長という手段自体が、ＡＴ＆Ｔの身に染み付いた伝統的な戦略だった。

実は現在のＡＴ＆Ｔは、電話の発明者であるアレクサンダー・グラハム・ベルが創始したアメリカン・テレフォン＆テレグラフを、そのまま継承した企業とはいえない。本体から分離された弱小子会社が、時間をかけて旧親会社を買収し、そのブランドを冠した結果が現在の姿なのだ。

米国の電話市場を支配していた旧ＡＴ＆Ｔは独占禁止法に抵触するとの疑惑を抱いた司法省と、レーガノミクスによる市場復興を目指す共和党政権の判断から、１９８４年に事業分割を迫られた。ＡＴ＆Ｔ本体は長距離電話事業を受け継ぎ、地域電話事業は複数に分割された事業会社が担うことになった。地方電話会社として、比較的市場規模が小さいアラバマやテキサスなど南部5州の営業権を分与されたのが、サウスウエスタン・ベル（後にSBCコミュニケーションズと改称）だった。

同社を通信市場でトップを争う大企業に押し上げたのが、1990年にCEOに就任したテキサス州出身のエドワード・ウィッテーカーだ。南部人特有の強烈な押しの経営手腕でM&A（合併・買収）を連発し、東部コネチカット州から果てはメキシコまで事業を拡大した。2005年にウィッテーカーは、ついにかつての親会社であるAT&Tの吸収合併に成功する[25]。

・iPhoneの成功体験

ウィッテーカーが、同じく南部文化圏のオクラホマ州出身で会計財務担当役員として信頼を寄せていたランドール・スティーブンソンを後継者に指名したのは、2007年のことである。1992年に90億ドルに過ぎなかった同社の年間売上高は、1200億ドルへと劇的な成長を遂げていた。もっとも、主力事業の携帯電話の顧客数は6100万契約と、米国市場でかろうじて首位を保っていたが、東海岸の旧地方電話会社を再編した米ベライゾン・コミュニケーションズが5900万契約ですぐそこまで迫っていた[25]。

そこでスティーブンソンが仕掛けたのは、現在のエンターテインメント環境の基礎を整えた歴史的な一手だった。アップルと提携して、発表されたばかりのｉＰｈｏｎｅの独占販売権を得たのである。

その威力は絶大だった。ＡＴ＆Ｔは、ｉＰｈｏｎｅ1台当たり月額3ドル、新規契約の場合は11ドルをアップルに支払う不利な契約をのんだといわれるが、その後の4年間で同社の携帯電話の契約数は40％も上昇したという[25][26]。

通信だけでは成長に限界

もっともｉＰｈｏｎｅはＡＴ＆Ｔの地位を磐石にしたわけではなかった。従来の携帯電話と比べて圧倒的に大量のデータ消費を促すｉＰｈｏｎｅは、更新が遅れ気味だったＡＴ＆Ｔの通信ネットワークに強い負荷を加え、接続事故を誘発した。そして2011年には、他社の買収により契約数を引き上げたベライゾンも、とうとうｉＰｈｏｎｅの販売を開始する[27]。

2011年3月にスティーブンソンが打ち出した対抗策は、資金繰りが悪化していた米携帯業界4位のＴモバイルを390億ドルで買収するというものだった。ところが、司法省は両者の合併は独占禁止法に抵触すると主張。裁判所もこの買収は違法であると判断した。最終的にAT&Tは30億ドルの契約違約金をTモバイルに支払い、計画を断念せざるを得なかった[28]。

通信会社の買収を禁じられたスティーブンソンが、次なる成長の糧として目をつけたのがディレクTVやタイムワーナーといったメディア・エンターテインメント系の企業だった。そして、買収や運営の実務を担ったのが「ベルヘッド」を自称する現CEOのスタンキーだったわけである。

巨額の負債で挫折

2020年7月にCEOの座についたスタンキーは、最終的にメディア・エンターテインメント事業を諦める選択をした。2021年3月末で1690億ドル、日本円にして18兆円を超える「垂直統合による膨大な負債」に耐え切れなくなった格好だった。同年2月のディレクTVの分離に引き続き、同年5月にはついにワーナーメディアを切り離し、豊富な番組ネットワークを所有するディスカバリーと合併させることを発表。新会社はディスカバリーの現CEO、デビット・ザスラフが率いることになる。

この合併によりAT&Tは現金や債券などで総額430億ドルを受け取り、新会社の株式は71%がAT&Tの既存株主、29%はディスカバリーの既存株主に付与される[1]。854億ドルを投じた買収の完了を2018年6月に宣言してから約3年、AT&Tは実質的にほぼ半額の430億ドルで事業を売却したのである。「垂直統合」による覇権の奪取を宣言したにしては、あまりにも期待外れの結果となった。

実は、AT&Tのような米国南部に基盤を持つ企業がエンタメ企業の統合を図り、あえなく撤退する事例は、これまでにもあった。ジョージア州アトランタ発祥のコカ・コーラが、ハリウッド大手スタジオのコロンビア・ピクチャーズを1989年にソニーに売却したのが一例だ。そもそも、ニューヨークやハリウッドを拠点とし、ユダヤ系の人材が主導権を握るエンターテインメント企業は、南部の人々が親しんだ文化からかけ離れた、全く異質な企業である。AT&Tはこうした史実からも学ぶべきだっただろう。

AT&Tは、今後は主力事業の携帯電話に注力する。第5世代携帯電話、いわゆる5G用周波数の積極的な購入やインフラ設備への投資によって、ワイヤレスの主導権を掌握すると主張している。現在、米国の5G市場ではTモバイルが大きく先行するとされ、AT&Tは後を追う立場にある[29]。くしくも本業での劣勢が、エンタメ撤退の決断を後押しした形となった。

プロローグ

古い企業と新しい時代

ＡＴ＆Ｔの失敗の経緯は、日本の通信産業やメディア・エンターテインメント産業にも重要な教訓を残した。例えば以下の各点である。

①通信事業とメディア・エンターテインメント事業の垂直統合は、企業文化や経営方針の根源的な相違から容易にかなうものではない

②衛星やケーブルなど旧来の経路を利用するテレビの事業は、ブロードバンドインターネットの普及やモバイル通信の５Ｇ化の進行により、さらなる成長を期待できない

③従来の映画作品とＳＶＯＤ向けに編成されるコンテンツは基本的には異質で、巨額を投じて制作した作品は従来通りの公開順の踏襲（いわゆるウインドウ・マネジメント）が望ましいものの、中小予算の映画作品とＳＶＯＤのオリジナル作品の差別化は難しく、公開のタイミングは臨機応変に決定すべきである

これらは、エンターテインメントが部外者には理解や扱いが難しい産業であることだけでなく、エンターテインメントの世界自体でも長年の常識が通用しない、全く新しい時代

が始まったことを示している。不慣れな船頭が率いたAT&Tは、メディア・エンターテインメントの大海に漕ぎ出してはみたものの、目前には業界の古株すら初めて見る巨大なうねりが立ちはだかり、あえなく打ちのめされてしまったのだ。

本書では、うねりの先にある世界の海図を素描し、未来のエンターテインメントの水先案内をしていこう。

第1章 総論

未来のエンタメはこうなる 100年に一度の大転換期

本書では、2030年ごろまでに実現する未来のエンターテインメントの姿と、業界の進化を牽引する企業の動向を予測していく。まずは、エンタメ産業の未来を予測する上での原理原則を紹介しよう。

エンターテインメントの将来を予見する鉄則の一つは、先行市場の動向を熟知することである。この世界に新しい潮流を継続的にもたらしているのは間違いなく米国の産業であり、彼の地の現状は高い確度で日本にも到来する。プロローグでＡＴ＆Ｔのエピソードを紹介したのはそのためだ。

映像、音楽、スポーツといった幅広いエンターテインメントの分野で、日本は実はかなり立ち遅れている。ライブイベントなどの興行の業界は、米国の20年遅れと揶揄されることもあるほどだ。分野にもよるが、一般に米国のトレンドは、7～8年ほど遅れて日本に上陸するという経験則がある。

この数字は筆者の実感とも合致する。筆者は30年以上にわたり、米国と日本でエンターテインメント関連の事業に従事してきた。もともとは米国の大学で教壇に立っていたが、縁があって日本のテレビ局と仕事をするようになり、さらには新設当時の東京ドームでのローリング・ストーンズの初来日から最近ではエド・シーランまで、大型興業を手掛けてきた。

ソニーの米国法人では、ハリウッドやブロードウェイ、ラスベガスのカジノとの協業も経験した。日本に帰国後は、ぴあやローソン、エイベックスなどの事業に携わり、現在は日米の大学で教えるかたわら、世界的な興行企業の米アンシュッツ・エンターテイメント・グループ（AEG）の日本代表もここ4年間務めていた。本書の予測は、こうした経験に裏打ちされたものである。

エンタメはハイテクの産物

エンタメの未来を占うもう一つの鉄則は、テクノロジーの進化を見定めることだ。映像や音楽といったコンテンツと消費者の間に、放送やインターネットなどのメディアが介在するメディア・エンターテインメントはもちろん、プロスポーツの試合やコンサート、演劇など各種のライブイベントでも情報技術（IT）の役割は高まる一方である。イベントをライブ中継する場合だけでなく、会場のスマート化やプロチームの戦略立案など、技術の役割は広い範囲にわたる。

新技術がエンターテインメントのコンテンツやビジネスモデルの変化を促してきたことは、メディアを介したエンタメの中でも特に市場規模が大きい映像の歴史を振り返るだけでも明らかだ。映像メディアの元祖といえる映画は、無声から音声付き、白黒からカラー、さらにはワイド画面やコンピュータ・グラフィックス（CG）、3次元（3D）映像といった最新技術を次々に取り込むことで、コンテンツの内容を深め、市場規模を拡大してきた。これらの技術は、テレビ放送やビデオゲームといった後発のエンターテインメントとの差別化にも寄与している。

もちろん、新技術の影響を細部まで事前に予測することは難しい。期待の星が残念な結果に終わることは少なくない。映画監督のジェームズ・キャメロンの「アバター」（2009年）が嚆矢《こうし》となった近年の3D映画は、映画の主流と呼ぶには無理がある結果となった。逆に、当初の予想以上に大きな広がりをもたらす技術もある。ビデオゲームが、多くのプロチームが競う「eスポーツ」に発展するとは、任天堂が「ファミリーコンピュータ」を市場に投入した1980年代には思いもよらなかっただろう。

いずれにせよ、エンターテインメントに変化をもたらす要因の一つが技術の進歩であることは疑いようがない。本書でも、今後の技術進化の方向性に目を配りながら、長年の経験と知見を駆使してエンタメの将来像を探っていく。

第1章 総論

インターネットが塗り替える

エンターテインメント業界に極めて大きなインパクトを与え、現在もその変容を推し進める最大の要因は、21世紀に入って大きく広がったインターネットである。これまでのメディア技術と異なり、インターネットはエンターテインメントに根源的な変化を迫っている。エンタメ業界は、100年に一度ともいえる転換期にあるのだ。

ケーブルテレビや衛星放送、CDやDVDなど、20世紀に登場したメディア技術は、いずれもエンターテインメント業界を揺るがしつつも、既存の秩序と共存共栄を図ることができた。これに対してインターネットは、これまで業界が築いてきた常識を根本から塗り替えつつある。ラジオやテレビの放送、CDやDVDといったパッケージソフト、さらには新聞や出版なども含めた旧来のメディアはすべて、現在までに利用者数が頂点を越えて（ピークアウト）、ずるずると減り続けている。動画や音楽のストリーミングなど、インターネット経由の配信サービスに役割を奪われつつあるためだ。

インターネットが強烈な破壊力を持つ一因は、その双方向性にある。消費者の要求に応じていつでもどこでもコンテンツを届けられる上、消費者の情報を事業者が吸い上げ、コンテンツや広告の制作・配信に活用することも可能だ。一方的にコンテンツを送る旧来のメディアには太刀打ちできない利点である。

しかもインターネットは、伝達する情報の内容や、情報の送り手・受け手を限定しない。この結果、映像、音楽、静止画や文字など、ありとあらゆる情報がインターネットを介して世界中で流通するようになった。

インターネットがエンターテインメントに与える影響は、業界を支配する企業の勢力争いにも及んでいる。これまで世界の映像業界を牛耳ってきたハリウッドの大手スタジオや米国の4大地上波テレビネットワークは、ネットフリックスやGAFA（グーグル、アップル、フェイスブック、アマゾン・ドット・コム）といった新興勢力の突き上げを受けて、抜本的な変革を強いられつつある。AT&Tは、この激変に翻弄された企業の一つにすぎない。

エンタメが日常生活を覆い尽くす

今や米国では、インターネット上のサービスが既存のエンターテインメントを置き換えることが火を見るよりも明らかになった。米国では既にネットフリックスをはじめとするサブスクリプション型のビデオ・オン・デマンド（SVOD）サービスが、映画館やテレ

ビ放送を上回る視聴者数を獲得している。音楽でも、「アップルミュージック」や「スポティファイ」といったストリーミングサービスが市場拡大の原動力になった。コンサートやスポーツの試合、ブローウェイのミュージカルなどのリアルイベントでも、ライブストリーミングや録画コンテンツを使ったインターネット中継が、もはや当たり前である。プロスポーツ選手やチーム、音楽アーティストはSNS経由での発信を増やし続けている。コロナ禍がこれらの傾向を加速したのは周知の通りだ。

インターネット上のサービスが主流になることで、消費者は24時間、どんな場所にいても、時空の制約を超えてあらゆるコンテンツにアクセス可能になる。このことは、エンターテインメントと日常生活の間の境界を次第に曖昧にしていくだろう。コロナ禍におけるリモートワークが、家庭と仕事の境目をなくしてしまったのと同様である。

この結果、今後10年ほどの間には、消費者が日常生活とエンターテインメントの間を自由自在に行き来する環境が成立するだろう。言葉を換えれば、日常生活とエンタメの境界がなくなり、両者が地続きになった世界だ。日常生活はエンタメで覆い尽くされることになる。

こうした環境下では、例えばスポーツ選手やアイドル歌手とネットを通じて常に触れ合うようになる。プロスポーツチームやテレビ番組のファン同士、さらには映画やゲームに

登場するキャラクターとの交流も、日常茶飯事になるだろう。消費者は、仕事をこなし家族と過ごすのと並行して、選手やアーティストのプライベートを分かち合い、ファンのコミュニティーを渡り歩き、架空のキャラクターと生活を共にする世界が訪れる。

こうしたトレンドは日常とエンタメの間の境界だけにとどまらない。インターネットの浸透は、エンターテインメントの潜在的な可能性を制限してきた多くの壁を崩しつつある。例えばバーチャルなコンテンツとリアルなイベントの境界、コンテンツの提供者と消費者の境界、エンターテインメントと他の産業との境界である。技術の進歩はもとより、後述する消費者の変化、そして成長を目指す企業の動向が相まって、これらの変化を推し進めていく【図1－1】。

図1-1 未来のエンターテインメントの方向性

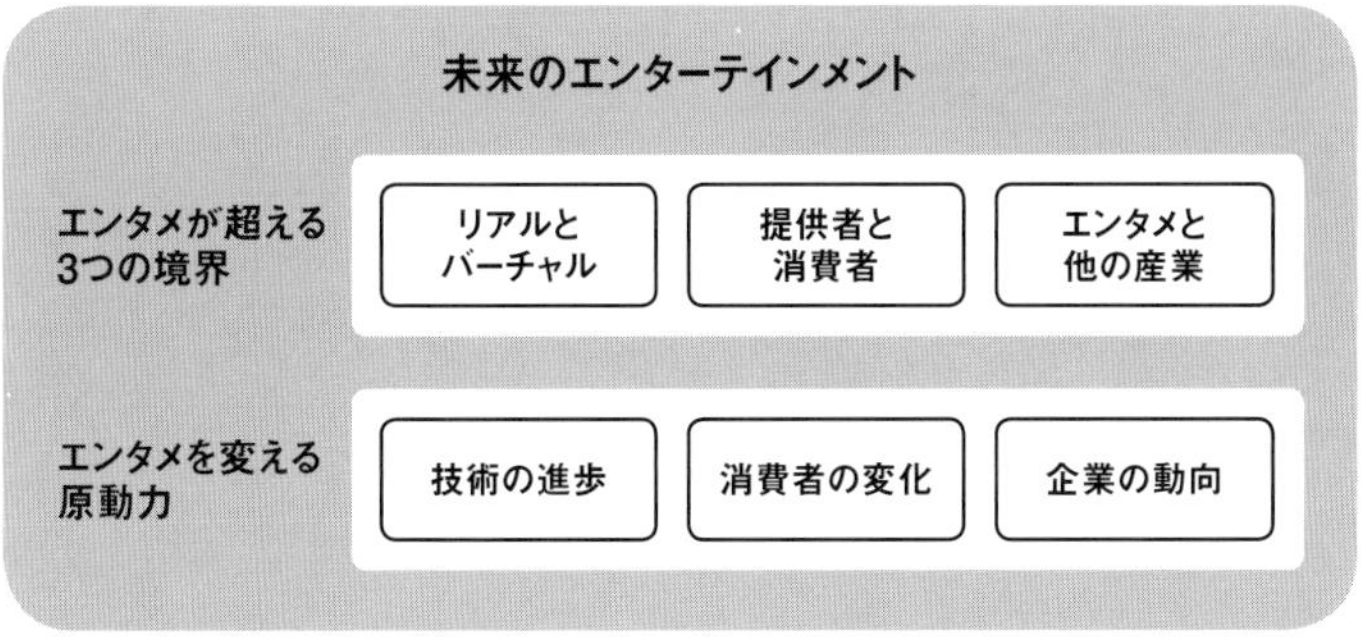

第1章 総論

仮想と現実のいいとこ取り

バーチャルなコンテンツとリアルなイベントの垣根は、既に取り払われつつある。リアルイベントのストリーミング中継はその一例だ。

1つのコンテンツを、映画と演劇など、バーチャルなメディアとリアルなイベントの双方で展開することも今では当たり前になった。コロナ禍の直前、米国ではハリウッドの大手スタジオがブロードウェイのミュージカルを手掛ける例が顕著に増えていた[1]。短期間で公開を終える映画と比べて、時には数十年のロングランが可能なミュージカルではトータルでより大きな収益を獲得し得るからだ。

音楽の世界では、リアルとバーチャルにまたがる多様な手段を縦横無尽に活用するアーティストが増えている。コロナ禍で閉鎖していたブロードウェイで真っ先に興行を始めたのは、ロック・シンガーのブルース・スプリングスティーンが自らの半生を振り返りながら名曲を弾き語るショー「スプリングスティーン・オン・ブロードウェイ」だった[2]。2017年の初演以来大人気を博したこのショーは、ネットフリックスでは動画、スポティファイではアルバムとしてオンデマンドで楽しめる。

コロナ禍の只中ではミュージシャン同士のリモート対戦も勃発した。著名プロデューサーのティンバランドとスウィズ・ビーツが立ち上げた「ヴァーサス(Verzuz)」だ。リモートで参加したヒップホップ／R&B系のトップアーティスト2人が自作の曲で競うDJバトルである。「ライブとデジタルのハイブリッド方式」と米タイム誌でティンバランドが表現した対決は、600万人もの視聴者を集めたという[3]。

仮想と現実が混在する

米国のプロスポーツも、リアルとバーチャルの間を縦横無尽に横断し始めている。2020年前半、コロナ禍でリアルな試合が禁じられた米国のプロスポーツ選手は、eスポーツの試合に次々に登場してファンを沸かせた。米プロバスケットボールリーグ(NBA)はeスポーツ選手のドラフト会議をリアルな会場で大々的に開催し、野球のメジャーリーグ(MLB)主催のeスポーツの試合はテレビ中継された[4][5]。こうした取り組みの先には、CGが作り出すバーチャルな空間の中で選手が戦う仮想現実(VR)ゲームの世界が広がるかもしれない。

米プロスポーツの中でも最高の人気を誇るアメリカンフットボールリーグ(NFL)の取り組みからは、リアルとバーチャルを融合させたコンテンツの可能性が垣間見える。N

ＦＬが子供向けチャンネル「ニコロデオン」で放送した試合の中継番組では、選手がタッチダウンするとＣＧの「スライム」が噴き上がって祝福するなど、試合の映像にリアルタイムで画像や音声の効果を重ねて盛り上げた[6]。いわゆる拡張現実（ＡＲ）技術の応用例といえる。狙いは、スポーツ離れがささやかれる若年層やゲーマーをファンとして取り込むことだ。

観客の視聴スタイルもリアルとバーチャルが交錯する。北米では、離れた場所にいる友達同士をチャットでつないで、ネットフリックスなどのＳＶＯＤの動画を楽しめるサービスが人気を集める[7]。ゲームプレーのストリーミング中継で最大手のサービス「ツイッチ（Twitch）」では、無数のｅスポーツ選手がプレーを日々中継している。そのチャット画面には、世界中のファンが我先に感想を書き込む。

日本では２０２１年1月、４００年に及ぶ歌舞伎の歴史で初めて本興行がライブ中継された[8]。もはやリアルなイベントでは、見やすさと価格でランク付けられた会場の座席配置の裾野に、リモート視聴の観客が広がるのが普通になりつつある。

これらの事例はほんの序の口だ。今後10年の間にエンターテインメントの世界では、リアルとバーチャルを股にかけた新しいコンテンツやビジネスモデルが次々に生まれることになろう。

誰でもスーパースター

コンテンツの提供側と消費者側の境界も曖昧になっている。動画投稿サイト「ユーチューブ」のチャンネル登録者数で比較すると、既に世界的なユーチューバーには著名ミュージシャンをしのぐ影響力がある。世界でトップのユーチューバー、ピューディパイのユーチューブチャンネルの登録者数は1・1億人で、ジャスティン・ビーバー（6410万人）やエド・シーラン（4790万人）といった世界的な人気アーティストを大きく上回る[9]。

ユーチューブやSNSの発信で消費者の行動を大きく左右する個人、いわゆるインフルエンサーの価値も鰻登りで、世界的に引く手あまたの状態にある。機を見るに敏な世界4大タレント・エージェンシーの一つ、米ユナイテッド・タレント・エージェンシー（UTA）は、早くも2019年にインフルエンサーのマネジメント専業の米デジタル・ブランド・アーキテクツ（DBA）を買収済みだ[10]。実は、DBAに所属する美容系インフルエンサーのヤスミン・マヤをはじめとする多くのインフルエンサーをマネジメントしている同社上席副社長の要職に就くクリスティナ・ジョーンズは、筆者の米ワシントン州立大学のゼミ生だが、いまだ卒業して10年余りしかたっていない。いかにインフルエンサー・マーケティング自体がミレニアル世代以下に牽引されるビジネスであるかが改めて理解で

きる。

投稿サイトやSNSなどでの露出をきっかけにスーパースターに育つ事例も後を絶たない。チャート上位の常連であるラッパーのポスト・マローンは、独立系アーティストが作品を発表するストリーミングサービス「サウンドクラウド」に自作の曲をアップロードした後、一夜にして人生が変わったという[11]。2019年に米ビルボードの「ホット100チャート」で19週連続1位という歴代の最高記録を達成したリル・ナズ・Xのシングル「オールド・タウン・ロード（Old Town Road）」は、動画投稿アプリ「ティックトック（TikTok）」での大流行が火付け役だった[12]。日本でも、アーティストの瑛人が手ずから配信サービスに登録した「香水」のヒットや、2020年のビルボードの総合チャートで1位になったYOASOBIの「夜に駆ける」がやはりティックトック起点だったことも記憶に新しい[13][14]。

コロナ禍の下で、アーティストやプロスポーツ選手だけでなく、膨大な個人が自宅から音楽ライブやDJプレー、ゲームプレーを、ライブ・ストリーミングでどんどん発信するようになった。こうした中から新しい才能がいくつも芽を出し、次々に花を咲かせることは間違いない。

エンタメが産業を変える

今や薄れつつあるもう一つの境界は、エンターテインメントと他の産業の間にある。両者を隔てる壁を超えてエンタメと他の産業が手を組むことで、古くからの産業に新しい活力を吹き込み、市場を押し広げることが可能である。この傾向は今後一層強くなるはずだ。

端的な例が都市開発である。エンターテインメントを核とした都市づくりによって、地域経済の復興と活性化を図れる。実際、筆者が経営に参画してきたＡＥＧは、ロサンゼルス、ロンドン、ベルリンなどで大規模なＥＤ（エンターテインメント・ディストリクト、エンタメ街）の構築を手掛け、その有効性を実証してきた。綿密な計画に基づく開発によって旧来の歓楽街のイメージを覆す洗練された街並みを演出し、流行の発信地というステータスを確立することで土地の価値を数十倍に引き上げることができる。

例えばこんな具合だ。まずはそれまでは人気がなく荒廃していた地域に、象徴的な存在として多目的アリーナを建設する。次いで周辺に劇場やホテル、博物館、複合映画館（シネコン）、コンベンション施設、オフィスビルといった施設群を十数年かけて整備していく。最後の仕上げとして分譲・賃貸住宅を提供することで、人々の暮らしをエンターテインメントで彩る、新たな都市が出来上がるわけである。

技術の進歩によって、エンターテインメント都市はさらに進化していくだろう。ＩＴによって強化されたイベント会場、いわゆるスマートスタジアムやスマートアリーナが実現しつつある各種の機能が、地域や都市の規模に拡大されていくはずだ。例えば、混雑を回避しながら最短時間で目的地にたどり着けるナビ機能、順番を待たずに顔パスで利用できる人気コンテンツ、あるいは電子看板（デジタルサイネージ）の適切な活用や人流の誘導による賑わいの演出などである。

コロナ禍の下では、人の密集度など多様なデータを都市から吸い上げて活用するいわゆる「スマートシティ」の構想が注目を集めた。感染者や濃厚接触者の特定などに有効な手段とされたためだが、このような技術は住民や来訪者にプライバシー侵害への懸念を抱かせる。ここで、データ収集の目的をエンターテインメントにつなげることができれば、消費者の態度は一変するだろう。データを提供する見返りが明確になるからだ。

このため、エンタメはスマートシティに欠かせない要素として取り込まれる可能性がある。実際、オランダ・アムステルダムにある5万5000人収容のスマートスタジアム「ヨハン・クライフ・アレナ」は、蓄積したデータへのアクセスをオープンにしたり、新型コロナウイルス拡散の実験場を提供するなどして、市全域のスマート化の中心地になりつつある[15][16]。

エンタメは幸福の鍵

エンターテインメントと産業の連携は、時とともに広範囲に浸透していく見込みである。現状でも、例えば観光とエンターテインメントの結びつきは強い。ニューヨークを訪れる人々の多くはブロードウェイのミュージカル目当てであり、日本でも人気アニメの聖地巡りが観光の目玉になりつつある。コロナ禍で延期を余儀なくされた日本版統合型リゾート（IR）の構想は、エンタメをトリガーに国際的なイベントを誘致し、世界中からビジネスパーソンを呼び寄せることが大きな狙いだった。日本に世界水準のエンターテインメントを提供する場ができれば、国内経済を根底から押し上げることは間違いない。

日本の基幹産業である自動車業界も、エンターテインメントと強力なタッグを組みそうだ。今後10年以内にも始まる見込みの運転手がいらない自動運転車の普及は、エンタメを楽しむ場としての自動車の存在感を高めそうだ。こうした未来を見越した自動車用のシートメーカーは、前と後ろのシートが向き合い、それぞれのシートに飛行機の座席のように格納型のタッチスクリーンを配置して、シートの間にスナックや飲み物の自動販売機を設けたコンセプトモデルを発表している[17]。いずれは劇場のようにくつろいで映画を楽しめる自動運転タクシーや、ディズニーの世界観に染め上げた送迎車でテーマパークを訪れ

るといった体験型のサービスが生まれるかもしれない。

小売り（リテール）の分野では、番組やゲームに登場する物品と同じものを購入できるようになるだろう。実店舗での販売も、例えばAR技術やビデオ通話を通じてエンタメと融合する余地がある。数年後には有名なキャラクターが仮想的な店員として店内に出現するかもしれない。他にも教育や人材育成、ウェルネスや介護、衣食住に関わる様々な分野で、エンターテインメントのコンテンツや手法が大いに活躍しそうである。

エンタメが多くの産業に関わるのは、そのコンテンツや体験を楽しむことが、人間の根源的な欲求に根差しているからだ。オランダの歴史学者ヨハン・ホイジンガは、主著『ホモ・ルーデンス』で人間の本質の一つは「遊ぶこと」にあると主張した。「私の考えではホモ・ルーデンス、つまり遊ぶ人は、ものを作ることと同じ程度に［人間の］本質的機能を言い当てている」「人間社会に固有で偉大な活動にはすべて初めから遊びが織り込まれている」（［］内は筆者が補足）[18]。

各種のエンターテインメントには、人々の幸福感を高め、共同体の結束を強化する効果がある。エンタメに心を癒され勇気をもらった体験や、スポーツ競技の応援で一体感を味わったことは誰にでもあるはずだ。本能ともいうべきエンタメに対する欲求が、各種の産業を盛り上げる原動力になる。

ＧＤＰ超えの成長が続く

エンターテインメントが日常生活に広がるにつれて、その市場規模は順調に成長していくだろう。米コンサルティング大手ＰｗＣの予測では、世界のメディアとエンターテインメントの市場は、コロナ禍の影響から回復した後、分野によって勢いに濃淡はあるものの、全体ではＧＤＰを上回るペースで成長を遂げる見込みである【図１－２】。２０２０年には前年比３・８％減の約２兆ドル（約２２０兆円）まで落ち込んだが、２０２１年には同６・５％増の約２・２兆ドルまで成長。２０２０〜２０２５年の年平均成長率（ＣＡＧＲ）は５％に達し、２０２５年には約２・６兆ドル（約２８６兆円）の市場になると同社はみる[19]。ただし、日本市場については控えめな予測をしており、年平均成長率は他の国と比べて低い３・１％になる見込みだ。

同社がカウントしているのは、映画やテレビ、音楽やゲームといったメディア・エンターテインメントに、広告やインターネットへのアクセス、データの利用といった周辺産業を合わせた市場の規模である。この調査が直接対象としていないプロスポーツや演劇といったライブ・エンターテインメントはコロナ禍の直撃を受けて極めて予測が困難な状況にある。それでも売上規模はやはり巨大で、長期的には確実に成長軌

図1-2 世界のエンターテインメント市場規模の予測

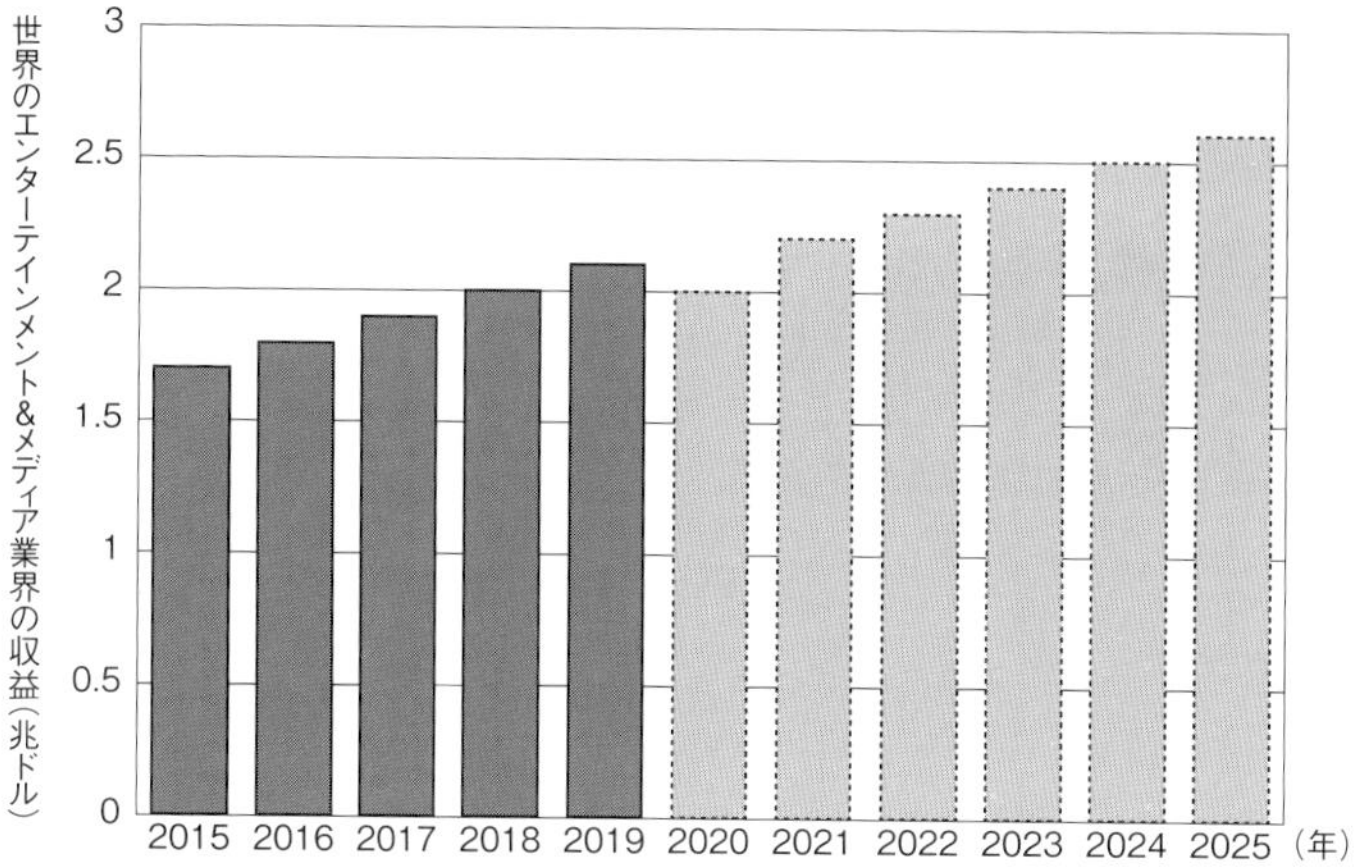

(出所:PwCが発表したデータを基に作成)

道に戻るとみられる。中でも金額が大きい分野はプロスポーツで、コロナ禍前のPwCの調査では、北米だけでも2018年に711億ドル(約7兆8000億円)もの市場があった[20]。

こうした数字自体に加えて、様々な産業と連携してその成長を促す起爆剤としての効果を計算に入れると、将来の経済に対するエンターテインメントの影響は計り知れない。

5Gでどこでも超高速通信

今後10年のエンターテインメントが向かう方向性として、リアルとバーチャルの交錯、提供者と消費者の無差別化、エンタメによる各種産業の活性化の3点を挙げた。このような将来を形作る推進力は大きく3つある。まず前述の通り、インターネットの発展などの技術の進歩である。そして消費者側と企業側におけるそれぞれの変化が大きく影響する。ここからは、これらの要因が今後どのように推移し、エンターテインメントの発展にどう関わるのかを見ていこう。

技術の進歩で筆頭に上がるのは、インターネットがカバーする範囲がますます広がることだ。まず日本でも2020年にサービスが始まった第5世代移動通信（5G）の普及により、光ファイバー接続と遜色ない超高速通信が屋外でも可能になる。携帯電話の新規格の常で、当初は利用できるエリアが狭く普及がなかなか進まないが、開始後2~3年程度で状況は改善し、5G端末を使う消費者の比率は加速度的に増えていくだろう。2030年代に入れば、さらに高速な次世代規格「6G」も登場する[21]。

5Gや6Gの普及が後押しするのは、4K／8K動画やVR映像といった、データ量が膨大なコンテンツをどこでも楽しめるようになることだ。逆にいえば画質が従来並みであれば、より安価に長時間のコンテンツを視聴可能になる。日常生活にますますエンターテインメントが入り込む所以である。

5G以降の携帯電話の浸透は、人やものの居場所のトラッキングや環境のモニタリングに使うIoT、いわゆる「モノのインターネット」の拡大も促す。これはリアルな世界の情報を取り込んだエンターテインメントの活況につながるだろう。

近くて遠いVRとARの夜明け

リアルな世界とバーチャルな世界を融合させる技術の本命が、リアルなCGで描き出した仮想世界に没入できるVRや、CGを現実世界の映像に重ねて表示するARだ。その先には、バーチャルな世界の中で人々が生活し交流する「メタバース」が現れるとの期待も高まっている。ただし2021年の時点で、VR／ARの技術を用いたサービスは以前の予想ほど広がっていない。サービスの前提になる、頭にかぶるヘッドセットの普及が今一歩のためである。

ソニーがプレイステーション向けのヘッドセット「プレイステーションVR（PSVR）」を投入した2016年がVR元年と呼ばれ、2019年末までに同機種の出荷台数は全世界で500万台を超えるなど[22]、これまでに一定の市場は形成されてきた。それでも、スマートフォン（スマホ）やパソコン、テレビのような誰もが使って当たり前の製品には今のところほど遠い。結局、VRやARは一部の利用者が短時間のアトラクションや業務用途で使うニッチな存在にすぎないとする冷めた指摘もある[23]。

ただし結論を出すのはまだ早い。例えば現在のヘッドセットはまだまだ重さや使い勝手が万人向けではない。この点の改良には、資金力が豊富で製品の品質にも定評があるIT大手が力を注いでいる。フェイスブックは「オキュラス」ブランドのVR用ヘッドセット製品の改良を続けているほか、「レイバン」ブランドで知られる眼鏡世界最大手の仏エシロール・ルクソティカと「スマートグラス」を開発し、第1世代の製品を2021年9月に発売した。この製品は写真やビデオが撮れるカメラなどを内蔵した程度で、本格的なAR向けの製品は数年後とされる[24]。アップルもAR向けヘッドセットを開発中で、早ければ2022年にも売り出されるという[25]。ソニーは2022年以降にPSVRの次期バージョンを発売する計画だ[22]。

これを受けて今後10年以内のどこかのタイミングでARやVRの市場が立ち上がる可能性は十分ある。英調査会社のテックナビオが2021年6月に発表した予測では、ARとVRの世界市場は2021年から2025年までの間に1627・1億ドル（約18兆円）

も増えるとした[26]。VR/ARヘッドセットが一般消費者にも広まれば、リアルとバーチャルをまたいだエンターテインメントは劇的に増えるだろう。

希少価値のあるデータを販売

リアルとバーチャルを橋渡しする意外な技術は、ブロックチェーンである。仮想通貨であるビットコインの価値を保証するために使われる技術で、デジタルデータであるビットコインが、コピーによって偽造できないのはブロックチェーンのおかげだ。

この技術を応用することで、デジタルデータをあたかも希少なモノのように売買可能になる。例えばツイッターで初めてつぶやかれたツイートは、ブロックチェーン技術で唯一の本物だと保証されることで、コレクター相手に290万ドル（3億円以上）もの値段で売れた[27]。

ブロックチェーンによって本物であることを保証されたデジタル資産は、金融の世界でNFT（非代替性トークン）と呼ばれる。その売買は2020年以降、にわかに活発になった。この技術を使うことで、エンターテインメントのビジネスに新たな可能性が開ける。バーチャルなコンテンツに、リアルなものと同様な価値を加えて販売可能になるからだ。

例えば限定版のコンテンツを高値で販売したりできるようになる。

ＮＦＴの利用で先行したのは、プロバスケットボールのＮＢＡである。２０２０年11月に、スーパープレーを収録した複数の動画クリップをパックにまとめ、ＮＦＴとして販売を始めた。この取り組みが大成功し、中には21万ドル（約２３００万円）もの高額で取引されるクリップまで現れた。既にＮＦＴとしてプレミアムなデジタル作品を販売するアーティストもいる。「３ＬＡＵ」として知られるエレクトロニック・ミュージックのＤＪ、ジャスティン・ブラウは、ＮＦＴ化したアルバムで合計１１６０万ドル（約13億円）も売り上げた[28]。ＮＦＴはまだ活用が始まったばかりであり、バブルに終わる可能性もある。今後の試行錯誤を通じてエンタメ業界における有望な使い道が徐々に浮かび上がってくるだろう。

Ｚ世代で嗜好が豹変

エンターテインメントの未来を左右する２つめの要因は消費者側の変化である。とりわけ、今後主流の顧客になるいわゆるＺ世代（ジェネレーションＺ）の動向が大きい。１９９０年代後半から２０００年代半ばに生まれたこの世代は、Ｘ世代（１９６０年代半ば〜1980年代初頭生まれ）やミレニアル世代（1980年代初頭〜1990年代半ば生まれ）といった以前の若者と比べて、明らかに異なる行動パターンを有するからである。

インターネットや携帯電話が当たり前の環境で育った「デジタルネイティブ」のZ世代は、テレビ放送をあまり見ず、ネット動画やSNSの利用率が顕著に高いことが以前から知られていた。コロナ禍はこの傾向をさらに推し進めた。

コンサルティング大手のデロイトが2021年2月に米国で実施した消費者調査では、お気に入りのエンターテインメントのトップはZ世代以外では「家庭でテレビ番組や映画を見ること」だった[29]。ベビーブーマー（1947〜1965年生まれ）の39％を筆頭に、X世代は29％、ミレニアル世代でも18％の回答者がこれを支持している。

ところがZ世代では嗜好が逆転する。テレビ番組や映画を挙げたのは回答者の10％に過ぎず、選択肢の中で最下位に沈んだ。Z世代では、回答者の11％はSNS、12％はインターネット、14％は音楽と答え、いずれも他の世代の同等以上だった。中でもZ世代の支持を最も多く集めたのは「ビデオゲームをする」の26％。ミレニアル世代の16％、X世代の10％、ベビーブーマーの3％と比べて際立った数字だ。

日本の同じ世代にも似た傾向が見られる。ビデオリサーチの2020年8月の調査によれば、「最近1か月で楽しんだこと」として「ゲーム（ゲーム機・オンライン・SNSなど）」

を挙げた回答者は10代、20代、30代の男性でそれぞれ56・2%、47・5%、44・6%と、いずれも男性の平均34・0%を10ポイント以上超えた[30]。10代の男子ではすべての選択肢の中で「インターネットで動画視聴」(59・8%)に次ぐ2位、20代では「インターネットで動画視聴」(60・2%)、「SNS(フェイスブック、インスタグラム、ツイッターなど)」(48・3%)に次ぐ3位である。

女性の10〜30代でも、ゲームは38・2%、34・3%、35・5%と女性平均の27・1%よりかなり高い。ちなみに女性ではSNSの人気が圧倒的で、女性全体の平均が41・0%と、男性平均の34・4%を顕著に超える。若い女性はそれ以上で、10代は57・5%、20代は65・2%、30代は51・1%と、やはり女性平均を10ポイント超上回った。

一方で、日本でも年齢が高くなるほど男性、女性ともに「テレビ番組(リアルタイム)」や「録画したテレビ番組視聴」を好む回答者が多くなる。

こうした現状は、エンターテインメントの消費パターンが大きく変わりつつあることを裏付けている。今後、年齢が上がってもZ世代の視聴パターンが変わる気配はなく、Z世代の後に続く世代が同じ傾向を持つことも想像に難くない。デロイトの調査が指摘するように、Z世代は流行を先取りするいわゆる「アーリーアダプター」で、ミレニアル世代やX世代にも同様な行動が波及する可能性もある[29]。

つまり消費者の嗜好の面から見ても、エンタメの中心はテレビ番組や映画などの既存メディアから、SVOD、さらにはSNSやゲームといった、より対話性（インタラクティビティ）の高いインターネット上のサービスに移りつつあるわけだ。もっとも、旧来のメディアの需要も根強く残り、多様なメディアが混在した状況が当面続くのも確かだろう。エンターテインメントの提供者は、これら多数のメディアにどのように力点を置いて、消費者の関心を引いていくのかに頭を悩ませることになる。

飽きやすい相手を虜にする

対話性の高いメディアの利用が増えるのは、Z世代の行動パターンに起因していそうだ。Z世代は例えばテレビ番組を見る場合も、受け身で映像に没頭するのではなく、同時に何かをしながら視聴する。世界の興行収入歴代1位を争う「アベンジャーズ／エンドゲーム」を撮った映画監督のジョー・ルッソは、米ニューヨークタイムズ紙で自分の子供の様子を評して「映画を見ながらアプリで会話し、同時に宿題もやっている」と語った[31]。ニールセンデジタルが日本国内で実施した2020年9月の調査によれば、テレビと同時に視聴するコンテンツとしてZ世代の68％がソーシャルメディア、23％は投稿動画と答えている[32]。ミレニアル世代にも同様な傾向はあるものの、ソーシャルメディアが45%、投稿動画は16%と、比率はがくんと落ちる。

逆にいえば、Z世代はずっと同じ番組に集中していることに耐えられず、ついついSNSで友達の反応を探ったり別の動画を見たりしてしまうのである。ゲームの人気が高いのも、映画のような受け身で長時間のコンテンツよりも、自分の操作が入る分、刺激が強く、自分の好きな時に好きなだけできるからだろう。

同じことはプロスポーツの試合にもいえる。Z世代は、何時間もかかる試合中継の途中で飽きてしまう可能性が高い。現にプロスポーツ先進国の米国でも、Z世代のプロスポーツファンの数は前の世代よりもかなり減っている。米モーニングコンサルトの調べでは、「自分がスポーツファンだと思う」と答えた回答者が成人全体では63%いたのに対し、Z世代では53%と半数をわずかに超える程度だった。「少なくとも毎週スポーツ中継を見る」の割合は24%と、ミレニアル世代の50%の半分未満しかない[33]。

このため、Z世代をプロスポーツのファンに取り込むためには従来とは違う発想が必要だ。例えばチームの試合中継にかじりつかなくても、選手ごとの統計に通じ、インスタグラムでダイジェスト映像を楽しむファンもコア層として重視すべきとの指摘がある[34]。こうしたファンを増やすには、いつでも中断・再開できるストリーミング中継だけでなく、短時間のハイライト動画や、SNSでの共有に向くプレーのクリップ動画などの強化、さらにはeスポーツの取り込みが重要になる。

選手に対する親近感を醸成することも重要だ。NFLはコロナ禍中に、選手がタッチダウンを決めて喜ぶ様子をツイッターに流すとともに、会場のディスプレーにツイッター上のファンの反応を映して両者を交流させる手段を試みている[35]。

eスポーツ人気の理由

Z世代をファンにする上で、プロスポーツとeスポーツの連携は特に重要になるとみられている。モーニングコンサルトの調査では、eスポーツに関心があるZ世代の回答者は35%で、成人全体の19%の2倍近く、Z世代でMLB（32%）や米プロホッケーリーグ（NHL、25%）を支持する回答者よりも多かった。メジャーなプロスポーツの中で、Z世代の支持者（47%）が成人全体（45%）を超えたのは、eスポーツへの積極的な取り組みで知られるNBAだけだった[33]。

なぜZ世代はeスポーツに高い関心を抱くのか。仮説の一つは、他のプロスポーツと比べてeスポーツの選手はずっと親しみやすいことである。NHLの最高マーケティング責任者を務めるハイジ・ブラウニングは、今の子供世代はまずSNSなどで選手をフォローし、その後チームやスポーツに興味を持つとみている[33]。競技以外でも自分のプレーを長時間ネットで中継し、ありのままの自分を見せるeスポーツの選手は、Z世代にとって他のスポーツよりも格段に身近に感じる存在だとブラウニングは分析する。

実はeスポーツのファンは、プロの公式試合よりも、eスポーツ選手や一般のプレーヤーがゲームで遊ぶ様子を好んで見る節がある。NBAはビデオゲーム「NBA 2K」を使って対戦するeスポーツリーグを2018年から運営してきた。その様子をツイッチで中継しているが、例えば2020年7月に一般人も含めたNBA 2Kのプレー映像の視聴時間が合計で1010万時間あったのに対して、NBA 2Kを使ったeスポーツ試合の視聴時間は10分の1の100万時間にも満たなかったという[36]。これは、視聴者がより親しみを感じるプレーを見たがった結果なのかもしれない。

Z世代の嗜好を熟知するにはさらなる調査が必要だろう。それでも、同世代にこれまでの常識がことごとく通用しないのは明らかである。まずはSNSなどを通じて選手の人柄や日常生活に興味を持ってもらうことが、無関心を切り崩すきっかけになりそうだ。この発想は、プロスポーツに限らず、音楽アーティストや映像作品のキャラクターなど、エンターテインメント全般に敷衍《ふえん》できる。

消費者と直接つながる

最後に、今後のエンターテインメントの進化に欠かせない最も重要な要項は、企業戦略の動向である。プロローグで示したAT&Tの顛末が示すように、米国では凄まじい規模の業界の再編がいまだに続いている。2021年5月には、アマゾン・ドット・コムが老舗の映画スタジオ、メトロ・ゴールドウィン・メイヤー（MGM）を84億5000万ドル（約9300億円）で買収すると発表[37]。日本勢ではソニーが気を吐く。2020年12月に、AT&T傘下だったワーナーメディアから、アニメに特化したSVODサービス「クランチロール」の運営会社を11億7500万ドル（約1300億円）で買収することを決めた。

これら一連の買収の狙いは、SVODをはじめとする、インターネット経由で直接消費者にコンテンツを届けるサービスの強化である。アマゾンの目的は、MGMが所有する「007」「ロッキー」「羊たちの沈黙」など4000以上の映画やテレビ番組の権利を獲得し、「アマゾン・プライム・ビデオ」で提供するコンテンツを増強することにある。ソニーのお目当てはクランチロールが擁する無料で9000万人、有料で300万人とされる会員だ。

各社がインターネット上のサービスの強化に熱を入れるのは、それこそが今後のエンターテインメント産業を支配する鍵になるからである。

エンターテインメントの中でも最も産業規模が大きいのは映画やテレビ番組といった映像を扱う分野であり、その業界の頂点に長年君臨してきたのは、ハリウッドの大手スタジオだった。ハリウッドの強さの源泉は、世界でヒットする大作コンテンツの制作を取り仕切ったことに加え、全世界の映画館にコンテンツを届ける配給網と米国の4大テレビネットワークをはじめとする放送網を握ったことにある。すなわち、ハリウッドの強さの核心は、消費者に映像を届ける手段の占有にあったわけだ。独立系の映画スタジオはどんなに優れた作品を制作したとしても、大規模な公開にはハリウッド大手の配給網に頼らざるを得ず、対する配給側はこうした作品からも一定の収益を獲得できる仕組みだった[1]。

この構図にひびを入れたのが、ネットフリックスを筆頭とするＳＶＯＤサービスの台頭である。ＳＶＯＤサービスはインターネットでダイレクトに視聴者とつながることで、ハリウッドの配給網のくびきから逃れることができる。特にネットフリックスは、大量のコンテンツを自ら制作しており、コンテンツと配信網の両面で、あたかもインターネット時代のハリウッドとも呼ぶべき様相を呈し始めている。

途方もない制作費と加入者数

ネットフリックスの強みは、莫大な制作費に裏打ちされたコンテンツの強さと、世界190カ国以上でサービスを展開する結果の加入者数の多さにある。豊富なコンテンツに惹かれて加入者が増え、売り上げの増加がさらなるコンテンツの強化につながるポジティブフィードバックが働いている。

同社がコンテンツに投じる年間の制作費は以前から群を抜いていた。ディズニーやアップルが参入してSVODサービスの競争が一気に過熱した2019年、同社のコンテンツ制作費は150億ドル（約1兆6500億円）に達した[38]。コロナ禍前の同年、北米における映画の興行収入は114億ドル（約1兆2500億円）であり[39]、それをも超える壮絶な額だ。同時期に他社がSVOD向けコンテンツに投じた費用は、アマゾン・プライム・ビデオは60億ドル（約6600億円）弱、「アップルTVプラス」は60億ドル、「ディズニープラス」は25億ドル（約2800億円）弱とみられていた[38]。

ネットフリックスの配信網も拡大する一方である。2020年のコロナ禍が追い風となって、同社の加入者数は同年末に2億人を突破した。日本の人口を軽く超える数字だ。

もちろんこのままネットフリックスの独走が続くとは限らない。ここにきてライバルは猛追を始めている。ハリウッドの大手スタジオは人事や組織改変を通じてネット配信を中心に据えた体制を作り[40]、ネットフリックスを凌ぐ巨額の制作費を注ぎ込むようになった。

中でも最大手のディズニーは2021年に、実に245億ドル（約2兆7000億円）もの巨額を費やす計画である[41]。今や同社は、SVODサービスではディズニープラスに加えて「Hulu（フールー）」やスポーツ専門の「ESPNプラス」を有し、さらにはABCやディズニーチャンネルといったテレビ局、買収した旧21世紀フォックスやルーカスフィルムなどの映画会社も抱えており、この数字はこれらすべての出費を含む。いずれのコンテンツも遅かれ早かれディズニープラスなどのSVODで公開されるとみられ、広い意味ではネット配信向けの投資とみることができよう。

同様に、AT&Tから離脱したワーナーメディアとディスカバリーは合わせて200億ドル（約2兆2000億円）、NBCユニバーサルは178億ドル（約2兆円）と、ネットフリックスの170億ドル（約1兆9000億円）をしのぐ金額を2021年に投じる見込みだ[41]。残るハリウッド大手のバイアコムCBSは150億ドル（約1兆6500億円）、アマゾン・プライム・ビデオも90億ドル（約9900億円）と、いずれも巨額だ。

他社は加入者数でもネットフリックスを追い上げる。ディズニープラスは2021年3月にサービス開始から16カ月で1億人を突破[42]。同年4月にはアマゾンが、プライム・

ビデオも楽しめる会員制サービス「アマゾン・プライム」の加入者が2億人を超えたと発表した[43]。

双方向性とサブスクを生かす

インターネット上のエンターテインメント事業のひな形ともいえるネットフリックスのビジネスモデルは、コンテンツと配信網を押さえる点では共通するものの、旧来のハリウッドと異なる点も少なくない。

何よりもインターネット経由で視聴者の反応が逐一分かることが大きい。例えばネットフリックスは視聴者を年齢や性別といった通常の属性ではなく、膨大なコンテンツの視聴データを基に約2000のグループに分類しているという[44]。こうした知見をコンテンツの推薦などに使うことで、より満足度の高い体験を顧客に届けるわけだ。他にも画面構成やメッセージ内容のカスタマイズなど、同社はビッグデータを使ったサービスのパーソナライゼーションをとことん推し進めている[45]。

もう一つの大きな違いは、毎月定額の料金を徴収するサブスクリプション方式だ。サブスクでは加入者はいつでも契約を終了できるため、いかに解約を防ぐかが極めて重要である。この点は、サービス提供者が可能な限り顧客の好みに合ったコンテンツを制作・配信する強い動機になる。

　これに対して例えば既存のテレビ放送の番組では、個別の顧客の満足は二の次にされることがある。例えば広告付きの無料放送の場合は、番組の目的が広告対象の顧客を集めることなので、必ずしも個々の視聴者の嗜好に合うとは限らない。劇場公開する映画の場合も、近年は確実にヒットを狙えるシリーズもの、いわゆるフランチャイズ・フィルムに偏る傾向が強まり、一部の観客が気に入る作品の公開は難しくなる一方である。細かい顧客の要望に応えたコンテンツを届けるには、SVODなどネット配信の方が有利なわけだ。

　当然ながら、配信で集めた顧客の反応を広告の表示に利用することも可能である。コンテンツの推薦と同様に、一人ひとりの顧客に効果の高い広告を表示できるので、通常のテレビ効果よりもずっと高い効果を期待できる。ネットフリックスは広告モデルの導入を頑なに否定しているが、広告を入れれば80億~140億ドル（約8800億~1兆5000億円）もの収益を得られるとの試算があるほどだ[46]。実際、米国ではNBCユニバーサルの「ピーコック」やディスカバリーの「ディスカバリープラス」など、広告付きで無料や低額で視聴できるVODサービスが存在する。

エンタメもGAFAの配下に

ネットフリックスを追う後発のネット配信サービスは、コンテンツの拡充に加えて、こうした異なるビジネスモデルも織り交ぜて、市場を奪おうとしている。2021年現在、米国では多数のサービスが乱立し、消費者の「サブスク疲れ」がささやかれて久しい状況だ[47]。今後数年で、これらのサービスは海外市場への展開を図るとともに、劣勢に立たされたサービスの淘汰や合併も進むことになろう。

再編の方向性の一つが、異なる分野のコンテンツを一手に扱う統合サービスの興隆である。動画と同様に、音楽やゲーム、スポーツや演劇など、あらゆるコンテンツは、インターネットを通して直接ユーザーに届くようになりつつある。今のところ動画のネットフリックス、音楽のスポティファイなど専業サービスが大きなシェアを持つが、今後はあらゆるエンタメをワンストップで楽しめる統合サービスが主流になる可能性がある。

既にこうしたサービスを展開しつつあるのが、いわゆるGAFAである。中でもアマゾン・ドット・コムの勢いは目を引く。世界で2億人を超えたアマゾンのプライム会員は、動画のプライム・ビデオに加えて、音楽やゲームもある程度楽しめ、追加料金を支払えば本格的な音楽配信や書籍のサブスクリプションサービスがある。米国では端末を問わずに遊べるクラウドゲームサービス「ルナ」も始めており[48]、ゲームのストリーミング中継で最大手のツイッチも同社の傘下にある。

残る3社のうちアップルは、映像、音楽、ゲーム、新聞や雑誌、フィットネス（米国など一部地域）をすべて楽しめるサブスクリプションサービス「アップルワン」を展開中である。グーグルは、スマホ向けゲームやアプリの「プレイパス」やクラウドゲームの「スタディア」といったサブスクサービスを運営する上（いずれも米国など一部地域）、傘下の世界最大の動画投稿サイト「ユーチューブ」で動画や音楽のサブスクサービスを提供している。フェイスブックも、ゲーム関連サービス「フェイスブックゲーミング」を通じてクラウドゲームを提供するなど後を追いつつある。

スーパープラットフォームの誕生

ＧＡＦＡの底知れなさは、エンターテインメントはあくまで事業のごく一部であることだ。アマゾンは電子商取引（ＥＣ）サービスとクラウドサービスの両方で世界最大手であり、パソコンやスマホで成長したアップルは２０２１年７月時点で、時価総額で世界最大の企業だ。グーグルの検索サービス、フェイスブックのＳＮＳもそれぞれ世界トップの存在である。

しかも各社は、エンタメに加えて多様な事業領域に触手を伸ばしている。最近顕著なのが、現実のモノを扱う事業領域への進出だ。パソコンが祖業のアップル以外の3社も、現在はスマホやスマートスピーカー、VR用ヘッドセットといったサービスの窓口になる機器から、専用の半導体まで幅広いハードウエアを自社開発している。ECサイトだったアマゾンは、今では買収した食品マーケット「ホールフーズ・マーケット」や無人店舗「アマゾンゴー」といったリアル店舗を構え、アップルの直営店「アップルストア」に倣ったかのように、グーグルは2021年夏に同社初の小売店をニューヨークに開店[49]。グーグルが関連会社の米ウェイモで自動運転タクシーの事業を展開すれば、アマゾンも自動運転技術のベンチャーに出資し、アップルは自社で電気自動車（EV）の開発を進めるといった具合である[50][51][52]。

GAFAを動かす強い動機は、なるべく広い範囲で消費者の行動データを取り込むことだろう。こうしたデータが豊富になるほど、消費者の嗜好や行動をより精緻に把握して、製品やサービスの販売、広告の事業に生かせるからだ。エンターテインメント事業への進出もこの文脈の中にある。現実世界の事業に進出するのは、インターネット上のやりとりからは分からない、実生活のデータまで獲得するためである。

この方向を突き詰めると、ＧＡＦＡはエンターテインメントに限らず個人の生活のあらゆる要求を満たす存在になり得る。ＥＣや検索、エンタメといった個別のサービスの提供基盤（プラットフォーム）を遥かに超えた、いわば「スーパープラットフォーム」である。現実には、1社で消費者の要望すべてに応えることはあり得ないが、自社のプラットフォームに取り込む活動の範囲を広げようと各社が腐心していることは確かだ。

独占か、利便性か

こうしたＧＡＦＡの動きに、欧米の規制当局は警戒感を露わにしている。２０２０年から２０２１年にかけて、各社に枷をはめる試みが相次いで浮上した。２０２１年6月だけでも、15日に米バイデン政権がアマゾンに批判的な姿勢をとる若手法学者のリナ・カーンを米連邦取引委員会（ＦＴＣ）のトップに任命し、22日には欧州連合（ＥＵ）がグーグルの広告事業が不当に競争を阻害していないか調査を開始[53][54]。24日にはＩＴ大手の規制を視野に入れた反トラスト法（日本の独占禁止法に相当）の強化案が米下院を通過した[55]。

ところが同月28日に、ＦＴＣなどがフェイスブックを提訴した2件の訴状を米連邦地裁が棄却[56]。必ずしも事は政府の思惑通りには進んでいない。そもそもＧＡＦＡのサービスは生活にすっかり根付いており、利便性を損なう制限は大衆の反発を招く可能性がある。
一方で、自身のデータが濫用されることを懸念する消費者は増えており[29]、GAFAに限らず野放図なデータの活用を放置するわけにはいかないだろう。利用者のプライバシー保護とサービス品質の両立は、ハリウッド大手やGAFAを巻き込んだエンタメ業界の覇権争いでも大きな争点になりそうだ。

米国勢の後塵を拝す

翻って日本はどうか。1年を超えるコロナ禍の影響下で、国内でもインターネットを介した動画や音楽のストリーミング配信サービスが裾野を広げた。インプレス総合研究所が2021年4月に実施したアンケートでは、「普段よく視聴する映像・動画の種類」として「有料動画配信サービス」と答えた回答者が25・6%に達し、2020年の21・1%、2019年の16・0%から順調に伸びた[57]。調査会社のジェムパートナーズは、日本のVOD方式の動画配信市場が2020年に前年比33・1%増の3894億円に達したと推計する[58]。

音楽市場でも同様だ。日本レコード協会の調査によると、2020年の音楽ストリーミングの市場規模は前年比27％増の589億円で、ダウンロード販売を含めた音楽配信市場の75％を占めるまでに成長した[59]。

ただし、これらの手段が映像や音楽を楽しむ主流のメディアになったとはまだいえない。インプレス総研の調べでは「リアルタイムのTV番組」を普段よく視聴する回答者は69・9％とVODの3倍弱に達し、レコード協会の音楽市場全体の集計結果では2020年の音楽パッケージソフト（CDやDVD）は1944億円と、ストリーミング配信の3倍以上ある。それでも、市場全体に占めるVODやストリーミング配信のシェアが年々伸びていることは確かであり、いずれ主役の座に躍り出るであろうことは論をまたない。現在の日本の状況はあたかも何年か前の米国のようであり、米国のトレンドが数年越しで日本に上陸するという経験則はここでも生きている。

一方で日本には米国と比べて大きく異なる点がある。自国の企業が手掛けるサービスの人気が高くないことだ。動画でも音楽でも、米国のサービス大手の強さが際立っている。

インプレス総研の調査によると、回答者が利用している動画配信サービスの割合は、有料ではアマゾン・プライム・ビデオの69・2％がダントツで、2位がネットフリックスの21・4％。3位にようやく日本テレビの子会社であるHulu（日本の事業のみ）が10・3％で登場する。1位と2位が前年に比べて比率が1～2ポイントほど上がったのに対して、

Huluは2ポイント以上落ち込んだ。

無料の動画配信ではユーチューブが95・5％と圧巻で、ツイッターの42・2％が続く。3位のLINEは38・0％にとどまった。音楽では、調査会社のICT総研が2020年10月に調べた結果がある[60]。サービスを利用していると答えた回答者が一番多かったのがアマゾンの「プライム・ミュージック」で、2位がスポティファイ、3位がアップルミュージックと米国勢がやはり強い。

日本勢の勝ち目は？

今後、各種エンターテインメントの供給経路がインターネット上のストリーミング配信中心に変わっていく中で、この状況を覆すのは相当ハードルが高い。テレビ放送や映画、あるいは音楽のパッケージソフトといった従来のメディア・エンターテインメントでは、基本的に日本のテレビ局や映画会社、レコード会社が国内市場の頂点にいた。この状況が崩れる可能性がある。

大きな問題は、日本の既存企業がインターネットを介した配信の事業に必死で取り組んでいないことである。もちろん、各社が何の手も打っていないわけではない。例えばテレビ放送の民放キー局やNHKは、見逃した番組を後から視聴できる「TVer」などの無料サービスから、日本テレビが米社の日本事業を買収したHuluや「NHKオンデマンド」などの各社独自のSVODサービスまでラインアップを調えている。

中でも積極的な日本テレビホールディングスは、2020年11月に発表した新しい成長戦略で2023年にHuluなどのデジタル事業の連結売上高を1000億円にし、2020年代半ばにこれらの非放送事業の収入比率を50％超に高めるという目標を掲げた[61]。同社は地上波放送の制作費とは別に、コンテンツ制作に200億円を投じることも表明している。

それでも、世界中の市場で主導権を握ろうとしのぎを削る米国企業に対して、迫力不足であることは否めない。株式時価総額の大きさで世界でも十指に入るGAFAはもちろん、再編によって映画スタジオやテレビ放送局などを取り込んだディズニー、ワーナーメディア、NBCユニバーサルといったハリウッドのメディアコングロマリットと比べると、日本のエンタメ企業は事業の規模もコンテンツの量も桁違いに小さい。その上、米国勢はコンテンツ制作に1兆円を優に超える額を費やし、コロナ禍という特殊な状況下だったとはいえ、劇場公開するはずの新作映画を惜しげもなくSVODで公開するといった大胆な策まで次々に繰り出してくるのである。

今のところ世界市場で米国のライバルに太刀打ちできそうな日本企業は、ソニーグループくらいだろう。同社は傘下にハリウッドのスタジオや世界的なレコード会社を抱える上、ビデオゲーム機などハードウエアの大手でもある。先述したクランチロールの買収で消費者と直接つながる経路を確保し、グループ企業のアニプレックスが制作したアニメーション映画「鬼滅の刃」が邦画史上最大のヒットを飛ばすなど、特色ある手駒を着々とそろえている。同社はEVの事業に乗り出す可能性さえある[62]。

そのほかの多くのエンタメ関連企業は、今後10年ほどの間に進行する業界秩序の大転換の中で、現在の地位にとどまることは難しい。新しい環境の中での生き残り策を個別に練ることを迫られる。地方のテレビ局やラジオ局など体力の乏しい企業から業界の再編が進む可能性も高い。

世界に打って出られるか

未来に向けた日本のエンタメ産業のもう一つの懸案は、海外市場の開拓である。少子高齢化の進展で、国内のエンターテインメント市場が縮小していくのは避けようのない現実だ。産業の成長を続けることを望むならば、海外市場の開拓は避けて通れない。

米国ビルボードのアルバムやシングルのチャートで韓国アーティストのＢＴＳがトップを飾り、同じく韓国の映画「パラサイト 半地下の家族」が２０２０年のアカデミー作品賞を獲得したように、日本発のコンテンツが米国をはじめ世界中で人気を集めることは、決して手の届かない目標ではない。実際、ゲームやアニメーションなど、世界中にファンがいるコンテンツは今でもある。米ウォール・ストリート・ジャーナル紙の報道によれば、ネットフリックスでは２０２０年９月までの１年間で、全世界の１億世帯以上が日本のアニメを観賞し、世界１００カ国近くで視聴回数の多い上位10作品中に日本のアニメ作品が入ったという[63]。

ただし、ここでも越えるべきハードルが少なくない。ウォール・ストリート・ジャーナル紙は、日本のアニメ業界には海外進出の体制が整っていないことを指摘する。権利関係は曖昧で、海外企業と交渉できる組織や人材も乏しい。こうした旧態を刷新し、海外で勝負できるコンテンツの制作・流通を円滑に進める体制づくりに、アニメ業界に限らず日本のコンテンツ業界全体で取り組むべきだろう。ほかにも、近隣のアジア市場で人気の高い韓国や中国のコンテンツとどのように伍していくかなど[64]、日本のエンタメ業界には解くべき課題が山積している。

第2章

映画

無尽蔵の映像作品を味わい尽くせる環境に

マーベルコミックが原作の映画「ブラック・ウィドウ」の主演俳優スカーレット・ヨハンソンが、配給を手掛けた映画スタジオ最大手の米ウォルト・ディズニーを2021年7月末に提訴した[1]。同作品が劇場公開とともに、SVODサービス「ディズニープラス」で有料配信されたことで、劇場での興行収入に連動する報酬の一部を失ったという主張である。通常、彼女クラスの大物俳優はこうした契約を結んでおり、マーベル作品のようなヒット映画からはかなりの金額を受け取ることが珍しくない。ヨハンソン側は、被害額は最大5000万ドル（約55億円）に及ぶと主張している。

この訴訟は、映画産業が向かう新しい姿と、ハリウッドが培ってきた旧来のシステムの間の軋轢を象徴する出来事といえる。今後、ディズニープラスのようなインターネット経由の動画配信が映画公開の主流になることは間違いない。ただし、本来であれば何年もかかるはずの移行が、新型コロナウイルス感染症のパンデミックで一挙に加速した。その結果、劇場公開が前提だった時代のビジネス習慣と、新たなやり方の間で齟齬が生じているのである。

今回の訴訟自体はディズニー側が有利とみられている。ヨハンソン側は、それを見越して世論を味方にするために、通常ならば第三者を交えた仲裁になるような案件にもかかわらず、訴訟に打って出た節がある[1]。実際、ディズニーの対応が不適切だったとして、全米映画俳優組合のトップ、ガブリエル・カーテリスが非難の声を上げるなど〔2〕、ディズニーを突き上げる風潮が盛り上がった。この件は最終的に、非公開の条件下で両者が和解したが、新しい映画業界の様相が整うまで、同様なトラブルはまだまだ起きそうだ。

もう一つ、ヨハンソンが訴訟に踏み切った理由として、「映画」に出演したつもりが、テレビなどの小さなスクリーンで初上映されたことに対する困惑もあったのかもしれない。米国では、テレビ番組と映画に対する関係者の意識の差は日本で想像する以上に大きい。テレビ番組が対象のエミー賞でどんなに多くの賞を取っても、ハリウッドの大手スタジオが制作する大作で主演するようにならなければ銀幕のスターの座は得られない。SVODによる公開は、小さな画面で作品を見られることによる映像表現の矮小化はもちろん、「テレビ出演者より格上」と考える出演者のプライドを傷つける弊害があるのではないか。この意識が残る限り、映画業界の生みの苦しみは意外に長く続くかもしれない。

封切り初日にスマホで映画鑑賞

コロナ禍という特殊な状況下だったとはいえ、一度劇場とSVODによる同時公開が実現した以上、平時に戻っても両者の時間差は短くなる一方だろう。2022年には、

2020～2021年の休業の反動もあって劇場公開が盛り返す見込みだが、米国では劇場での独占公開の期間が以前の90日から45日以下に半減する[3]。ワーナーメディアが検討したとされる「ハーフ・アンド・ハーフ戦略」のように、従来なら劇場公開していた映画をSVODに振り分けるケースも現れそうだ[4]。日本でも、数年遅れで同様な環境が実現するはずである。

いずれにせよ消費者にとっては朗報である。新作映画の公開後、ほどなくしてスマホや大画面テレビなど、自分の好きな手段で見られるようになるからだ。そう遠くない将来に、劇場公開と同日にスマホで映画を視聴できる環境が実現するかもしれない。

従来の映画業界では、新作が出来上がると複合映画館（シネコン）などの劇場を筆頭に、有料のテレビ放送やDVD、航空機内や地上波放送といった異なる媒体の間で、時間差を設けて順次公開してきた。「ウインドウ・マネジメント」と呼ばれる仕組みで、適切なタイミングや期間で媒体を使い分けることで、1つのコンテンツから得られる収入を最大化するのである。コロナ禍はこの仕組みの息の根を止めてしまった。パラマウント・ピクチャーズや21世紀フォックスのCEOを務め、ハリウッドの手法を知り尽くしたバリー・ディラーは「これまでの映画ビジネスは終わり、二度と元には戻らない」と嘆く[5]。

一方で、映画スタジオ側にとっても自社の配信サービスでコンテンツを提供することには利点もある。映画館チェーンで配給する場合と比べて、得られる収入のほとんどを自社で独占できるからである。劇場における興行収入は基本的にスタジオ側と劇場側で折半するのに対し、配信した動画をパソコンやスマホで視聴してもらう分には、他社に費用を支払う必要がない。視聴者がテレビで作品を視聴する場合は、テレビをインターネットに接続する機器（「アップルTV」やアマゾン・ドット・コムの「ファイアTV」など）の企業に対して映画スタジオ側から支払いが生じるものの、売り上げの20％にすぎないという[6]。

あの手この手で独自色

既にハリウッドの大手スタジオは、SVODなどインターネットの動画配信を主力事業と位置付け、契約者の争奪戦を始めている。最大の障害は、視聴者にとってサービスが多すぎることだ。各社が取りそろえる独自コンテンツを視聴するには、基本的にそれぞれのサービスに加入する必要がある。全社のサービスに加入するのは負担が大きく、加入と解約を繰り返す消費者が増えそうだ。

現状では1人が契約するSVODサービスは、せいぜい1つか2つである。英デジタルTVリサーチの調査では、全世界でSVODサービスに加入する人数は2021年の時点で約5・8億人だったのに対し、1人当たりの契約数は平均で約1・8件だった【図2-1】。2026年に加入者数は7億人に達するものの、1人当たりの契約数は約2・1件止まりと予測されている[7]。

配信サービスを手掛ける各社の優先課題は、必然的に新規加入者の獲得に加え、解約率をなるべく下げることになる。切り札は、やはり魅力的な独自コンテンツの拡充である。この競争で取り残されると、配信経路を他社に依存する弱者の立場に転落するため、各社は背水の陣で臨んでいる。競争は過熱しており、大手の製作費が年間1兆円を優に超えるほどの激戦であることは、第1章で解説した通りだ。

現状でトップ集団にいたとしても、決し

図2-1 世界のSVODサービスの加入者数と契約数

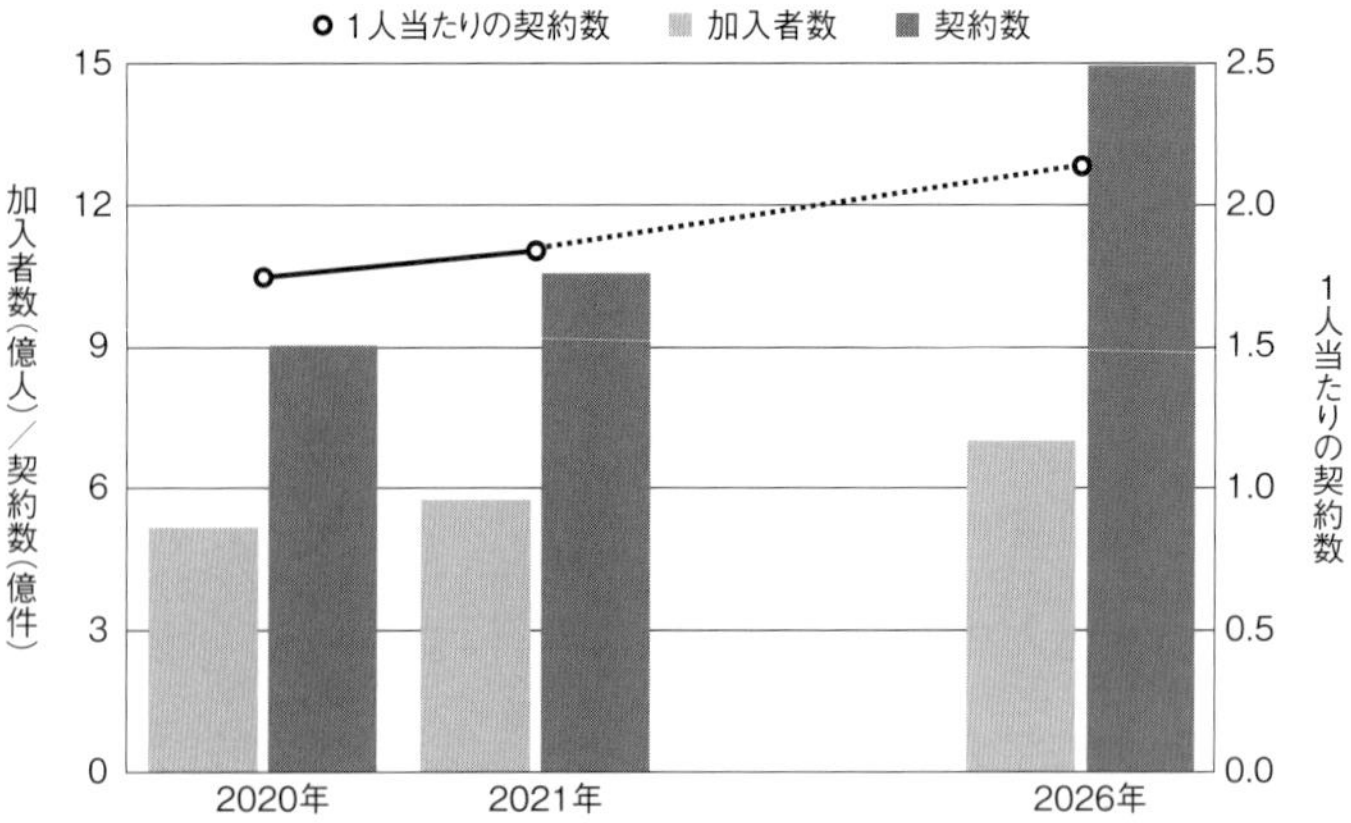

（出所：デジタルTVリサーチのデータを基に作成）

て安泰とはいえない。ワーナーメディアとディスカバリーの合併や、アマゾンのMGM買収のアドバイザーを務めた投資銀行ライオンツリーのCEO、アリー・ブーコフは、ネットフリックスのような大手ですら「ますます多くのサービスを提供するようになる」と予測する[8]。

この指摘を裏付けるように、ネットフリックスは2021年7月に新たなコンテンツのジャンルとして、ビデオゲームを提供する方針を表明している。まずは追加料金なしのモバイル端末向けのゲームから始める計画で、同社のオリジナル番組に基づく内容になるという[9]。同社はこのほか、独自コンテンツのグッズを販売するECサイト「ネットフリックス・ドット・ショップ（Netflix.shop）」を同年6月に始めた上、ライブイベントやVR作品の可能性も探っている[9][10]。

広告付きサービスで負担減

ネットフリックスの最大のライバルであるディズニーは、複数のSVODサービスをそろえて攻勢をかけている。ディズニー作品や「マーベル・シネマティック・ユニバース（MCU）」などの人気コンテンツを楽しめるディズニープラスを筆頭に、スポーツ専門の「E

SPNプラス」、旧21世紀フォックス作品などをそろえた「Hulu」を提供中だ。これらのサービスをまとめて契約できるプランも、月額14ドルで提供している(2021年5月時点)[11]。このプランのHuluは広告付きのサービスだが、料金を上乗せすると広告なしにできるほか、テレビ放送も楽しめる、さらに高額なプランもある。

消費者の負担を減らす上で今後大きく伸びそうなのが、広告付きのSVODサービスだ。Huluだけでなく、ワーナーメディアの「HBOマックス」やバイアコムCBSの「パラマウントプラス」にも広告付きの割安プランがある。NBCユニバーサルの「ピーコック」は広告付きであれば無料で楽しめる。無料の広告付き配信サービス(AVOD:Ad-supported VOD)には、バイアコムCBS傘下の「プルートTV」やアマゾンが提供する「IMDb TV」など、米国では多くの選択肢がある[12]。

これらのサービスは、以前であればテレビ放送向けだった広告を奪いながら成長を続けていくだろう。今後は、膨大な投稿動画を有する「ユーチューブ」や、「フェイスブック」「ツイッター」といったSNS、短い動画や画像中心の「ティックトック」や「インスタグラム」といった各種サービスとの競合も予想される(第3章を参照)。無料のAVODサービスでも、どこまで魅力的なコンテンツを提供できるかが、やはり勝負を左右するだろう。

日本ではまだまだテレビ放送の人気が高く、VODの勢いは米国ほどではない。ただし数年後に同様な状況になることは必至で、有料・無料のVODサービスが主流になる日は遠からず訪れる。

全作品〝はずれ〟なし

多数のVODサービスの台頭は、消費者により多くのコンテンツやサービスの選択肢をもたらす。とはいえ、選択肢が多すぎると逆に何を選んでいいのか分からなくなるのも消費者の常である。コンテンツの推薦の精度や使い勝手も各サービスの競いどころだ。見る番組すべてで視聴者に満足感を与えることが理想である。

SVODなどインターネット上のサービスは、利用者の視聴行動を把握できる分、推薦に利用できるデータの量が多い。各社はこれらのデータを、機械学習と呼ばれる人工知能（AI）技術で処理して様々な形で生かしている。

例えばネットフリックスの場合、コンテンツの視聴後や検索に応じて推薦するコンテンツはもちろん、コンテンツの代表画像（サムネール）、サムネールの配置、説明の文章なども個人ごとにカスタマイズしている[13]。テレビやスマホで見るサービスの画面だけでなく、おすすめの作品や新作を紹介するメールの内容など、顧客との接点すべてがカスタマイズの対象だ。それでも顧客の満足度を継続的に高めるのは難しく、いまだ改良の途上にあるという。

実際、米国では各SVODサービスの満足度は拮抗している。2021年の米国顧客満足度指数（ACSI）の値は、トップのディズニープラスの78点に対し、ネットフリックスやHBOマックス、Huluなどは75点で並んだ[14]。なお日本市場における調査では、これらの米国勢に対して日本発のサービスは後塵を拝しており、使い勝手などの改善の余地は大きいとみられる。2020年のオリコンの満足度調査では、1位がネットフリックス、2位がアマゾン・プライム・ビデオ、3位がHulu（日本テレビの子会社が運営）、4位がU-NEXT、5位がdTVの順番だった[15]。

もっとも、各サービスが推薦できるのは当然ながら自身が提供中のコンテンツのみで、サービスをまたいだコンテンツの比較・推薦はできない。これを実現するには、複数のサービスの利用状況を知ることが求められるが、個人の行動追跡はプライバシー保護の観点から規制の対象になりつつあり、サービス間で顧客の情報を融通することは今後も難しそうだ。

この課題を解決する一案は、利用者側で自分の行動情報を管理してもらい、それに基づいてコンテンツやサービスを推薦する仕組みである。ただし、このような手段が確立する気配は米国でも日本でも今のところ感じられない。日本国内では個人の行動履歴を安全に保管して企業との間を取り持つ「情報銀行」というサービスが立ち上がっているが、VODなどのエンタメサービスに利用するのは難しそうな上、そもそもほとんど普及していない。あらゆるサービスやコンテンツからおすすめを掘り起こす仕組みが実現するには、技術のみならずビジネスモデルのイノベーションが必要になりそうだ。

SVODが取り戻す多様性

配信サービスが顧客を深く満足させるためには、一人ひとりの嗜好に寄り添ったコンテンツも用意することも重要になる。その第一歩は、一般受けしなくても一部の顧客を喜ばせる品ぞろえを増やすことである。

ところが最近では、ハリウッド制作の映画を中心に、劇場公開される作品のジャンルは大きく偏っている。北米の劇場映画の売上高におけるジャンルごとのシェアを見ると、2000年には21%あったドラマが2019年には12%、コメディ（ロマンチック・コメディを含む）は25%から8・3%まで激減している[16]。その代わりに増えたのがアクションやアドベンチャーで、2000年に合わせて35%だったシェアは2019年に60%に達した【図2－2】。

　大きな理由は、制作される映画がマンネリ化しており、コミック原作や旧作のリメーク、シリーズもの（いわゆるフランチャイズ・フィルム）に偏っていることだ。これを象徴するのがディズニーの躍進である。マーベル作品や「スターウォーズ」「トイストーリー」など数々のフランチャイズ作品でヒットを飛ばしてきた同社は、２０００年から２０１９年の間に北米における市場シェアを15％から33％へ一挙に拡大した[17]。また、エンタメ業界に詳しいベンチャー投資家のマシュー・ボールの調べでは、ハリウッドの上位7スタジオそれぞれのトップ3フランチャイズ・フィルムが北米の興行収入に占める割合は、

図2-2 北米の映画の売上高に占める各ジャンルの割合

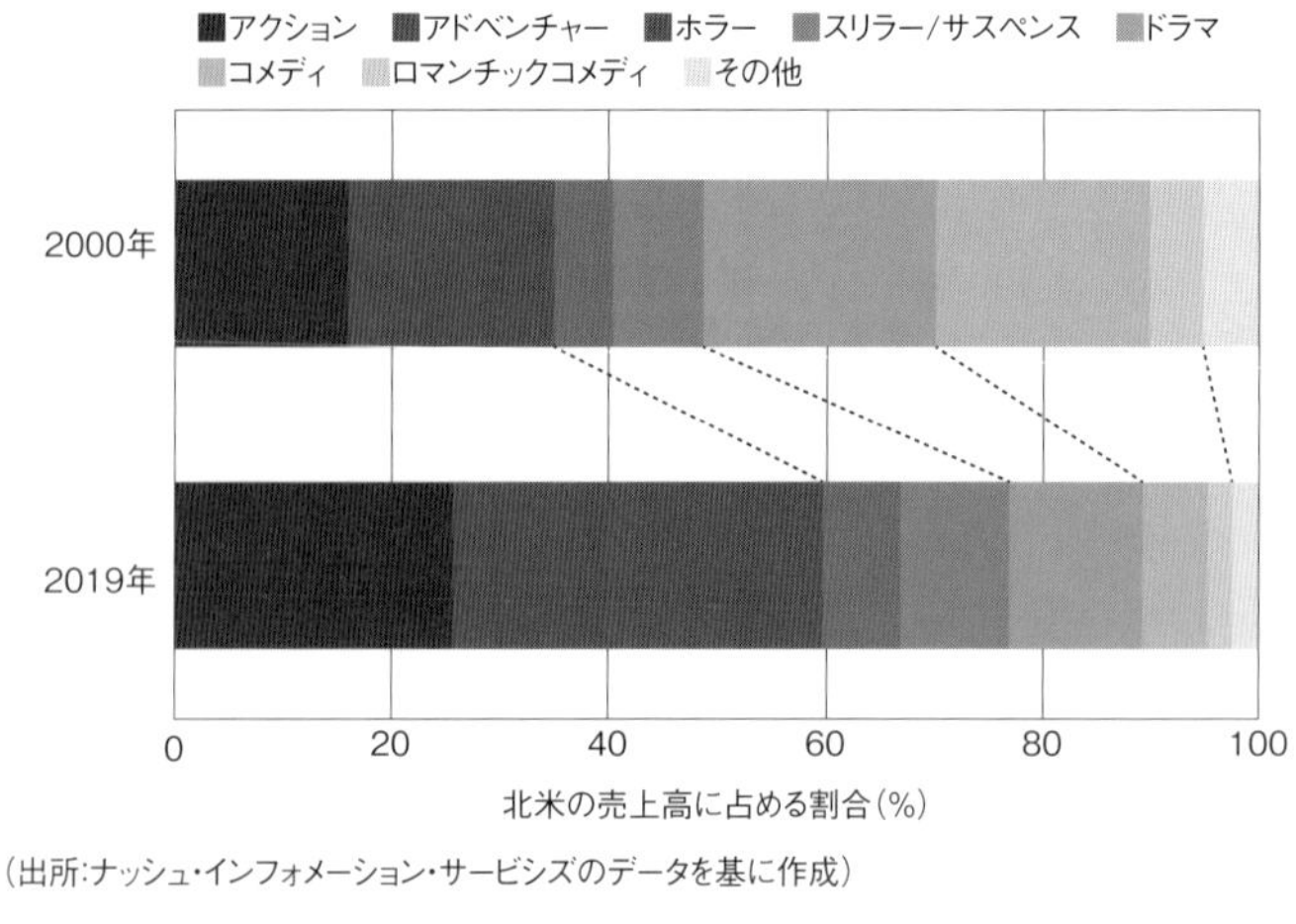

（出所：ナッシュ・インフォメーション・サービシズのデータを基に作成）

２０００年代の13％から２０１９年には40％超になったという[18]。

一方で、ハリウッドが敬遠する作品の受け皿となったのがネットフリックスをはじめとする配信サービスである。「映画は今後10年どう生き残っていくのか?」と題した米ニューヨークタイムズ紙の特集記事に、俳優のエリザベス・バンクスは、現在はほとんど廃れてしまった「ロマンチック・コメディ」作品がストリーミングで復活したことを喜ぶコメントを寄せた[19]。映画監督のマーティン・スコセッシの作品「アイリッシュマン」は、制作費の高騰に二の足を踏んだ大手スタジオのパラマウント・ピクチャーズの代わりにネットフリックスが出資。完成した作品は批評家の絶賛を浴びた。「（ネットフリックスは）疑いなくライフセーバーだった」と、スコセッシは米国メディアのインタビューで答えている[20]。

配信サービスが多様な作品を提供できるのは、一見人気がなさそうなコンテンツでも、全世界から好みに合う視聴者を集めれば、かなりの規模になるからだ。現にネットフリックスはこうした手段をとっている。同社は１９０カ国以上で2億人を超える契約者を、コンテンツの好みに応じて約２０００のグループに分類し、サービスのカスタマイズに利用している[21]。特定のコンテンツに対して各グループがどう反応するかをデータなどから推測し、コンテンツの制作や買い付けの判断、未視聴のコンテンツの推薦などに生かしているという。コンテンツを埋もれさせずに、興味を持ちそうな視聴者に積極的にアピールできるわけだ。

なお、このグルーピングはあくまで嗜好に基づくもので、性別や年齢、居住国などは問わない。ネットフリックスがDVDレンタル事業を手掛けていた頃に、性別や年齢といった通常の属性よりも、それまでのレンタル履歴の方が、今後借りるコンテンツの予測に有効だと気づいて、現在の方法に改めたという。ほとんどの人は複数のグループに属するとしている[21]。

映画を一人ひとりにカスタマイズ

ネットフリックスの仕組みは、視聴者が多くのコンテンツを見るほど、そして契約者の数が増えるほど、さらにうまく働くようになる。視聴者の嗜好をより深く知ることができ、より精緻なグルーピングを基に、より高度な推薦が可能になるからだ【図2−3】。

この循環を突き詰めた究極の姿は、「映画のカスタマイズ」かもしれない。ネットフリックスの独自コンテンツ事業の立役者で現在は共同CEOを務めるテッド・サランドスは、同社のブランドにふさわしいコンテンツとは何かを問われて、「ネットフリックスらしい番組などない。パーソナライゼーション（一人ひとりに向けたカスタマイズ）こそ我々のブランドだ」と米メディアに語っている[21]。

もちろん個々のコンテンツを個人向けに作るわけにはいかないし、個人の嗜好は必ずしも一定とは限らない。それでも、個人の好みやその時々の気分にぴったり合ったコンテンツをずらりと並べ、いつでもどこでも快適に視聴できる環境をとことん追求することは可能だろう。「映画のカスタマイズ」の一つの姿は、多種多様なコンテンツをそろえ、タイミングよく快適に視聴できる環境の追求にありそうだ。

別の方向として、個人の操作に

図2-3 SVODが生むビジネスとコンテンツの好循環

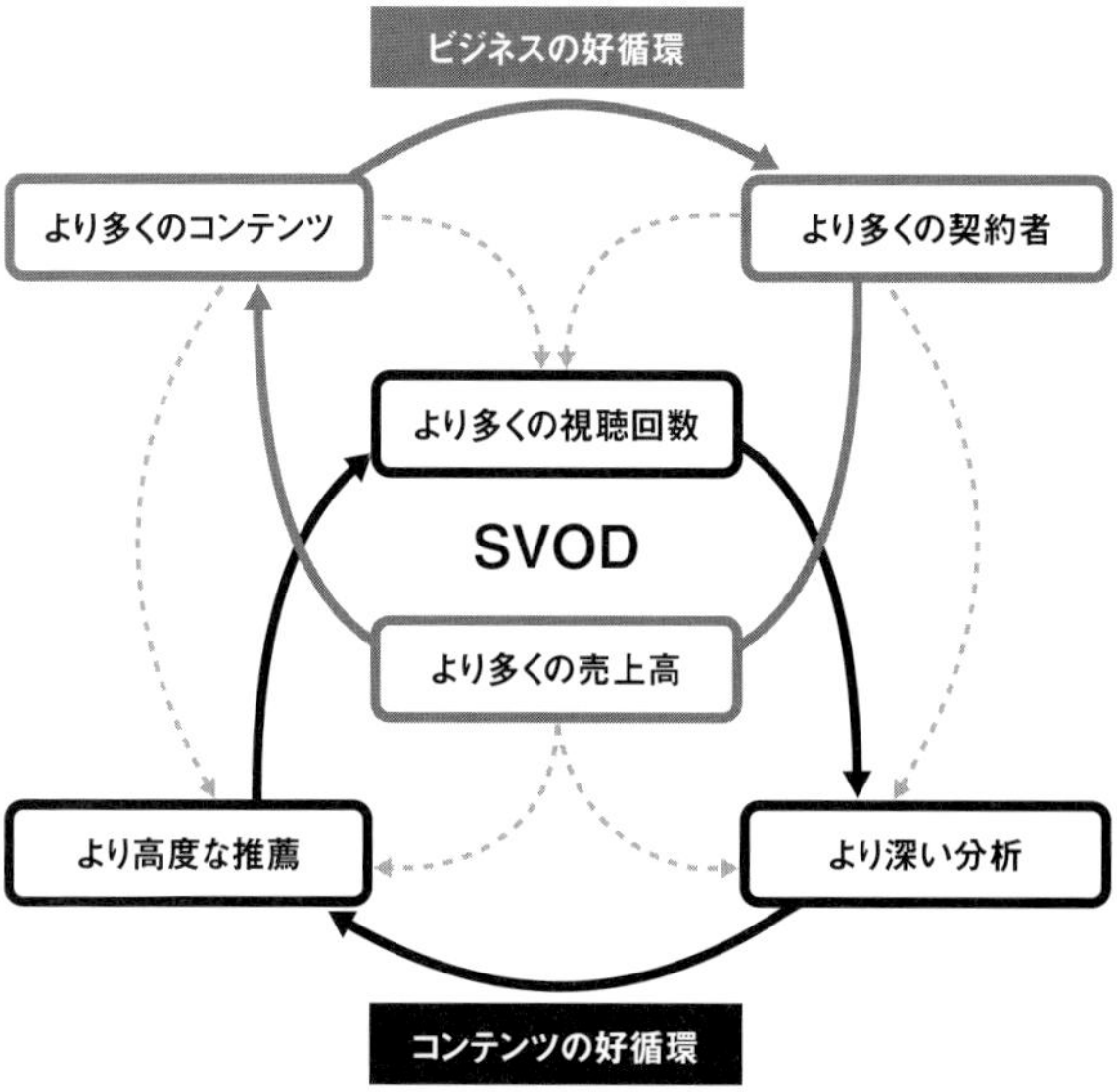

応じて内容を変えるコンテンツという発想もある。現にネットフリックスは、2018年の「ブラックミラー：バンダースナッチ」など、視聴者が選択肢を選ぶことでストーリーの進行が変わるインタラクティブ（対話型）コンテンツを作成済みである。ただし、これまでに制作された対話型のコンテンツは十数本と[22]、まだまだ実験段階で市民権を得たとはいえない。

今後も対話的なコンテンツの模索は続きそうだ。対話的に内容が変化するコンテンツの代表例はゲームやVRであり、先述したようにネットフリックスはゲームやVRへの参入を表明している。コロナ禍中に映画の制作現場ではLEDディスプレーや3次元（3D）CG技術を活用するバーチャル制作が広がり、サイバーエージェントがタレントの「デジタルツイン」（外見や動きが本人そっくりのCGキャラクター）のキャスティング（配役）サービスを始めるなど俳優のバーチャル化が進む可能性もある[23][24]。フェイスブックCEOのマーク・ザッカーバーグは、同社が今後注力する分野として、利用者が3Dのバーチャル世界の中でアバターを介して交流する、いわゆる「メタバース」を挙げた[25]。2021年10月28日に同社は社名を「メタ（Meta）」に変更すると発表した。こうした技術や社会の急激な変化を背景に、どのような新しい映像表現を作っていくのかは、今後何年も作り手側を悩ませる課題になるだろう。

人気コンテンツはより長尺に

今後のコンテンツの傾向としては、同じキャラクターが登場し、1つの世界観で統一された、長時間のコンテンツが増えていく可能性が高い。あたかも日常と並行して別の世界でストーリーが進行し続けるような格好である。

製作側と消費者側の双方がこの方向を支持している。製作側の利点は、人気の高いコンテンツを作り続ければユーザーを自社のサービスに引き留める効果が高いことである。既存の映画業界がフランチャイズ・フィルムに傾倒するのと同様だ。この傾向がさらに強くなるのは想像に難くない。アマゾンがMGM買収に巨額を支払ったのは、「007」など消費者がよく知るフランチャイズ作品を得るためで、同社が今後、新作を投入するのは必至である。

SVODにも同様な傾向がある。フランチャイズ・フィルムや既存のテレビ番組と同様に、SVODの人気番組は何シーズンにもわたって継続する。そもそも、1シーズン分の番組すべてを一挙にアップロードして、「一気見（ビンジウォッチング）」する習慣を視聴者に根付かせたのは、ネットフリックスである。

一気見ができることは、SVODの大きな魅力になっている。米バラエティ誌などの

2021年6月の調査によれば、SVODを見る動機として1位の「見たい番組がある」(回答者の35%)に次ぐ2位に挙がったのが「一気見」(同34%)だった[26]。

一気見の文化が作り上げたコンテンツを、ニューヨークタイムズ紙のテレビ評論家、ジェームズ・ポニウォジックは次のように分析した[27]。2019年当時にネットフリックスで最も多く見られたドラマシリーズ「オレンジ・イズ・ニューブラック」を典型例と位置付け、7シーズンにわたる膨大な規模と時間を費やした同作品は、多彩かつ大量のキャラクターを配し、コメディからドラマまであらゆる要素を取り込んだ複雑な物語を構築したと評価。複雑な内容でも、一気見ですぐに追いつくことができる上、番組について語りたい消費者はSNSを通じて相手を見つけていると指摘した。

若者も長いストーリーを歓迎

フランチャイズ・フィルムの代表例「アベンジャーズ」の数々の作品を監督したルッソ兄弟も、ストリーミングがもたらした利点の一つは、好みのキャラクターが登場する長いストーリーを楽しめることだと主張する[28]。その方が視聴者は、2時間の映画よりも、支払った金額に見合った価値を実感できるとみる。

また、若い世代もより長い物語を求めていると指摘し、その理由は、これまで多くの時間や感情をなじみのキャラクターにつぎ込んでいるためと分析している。彼らは、アベンジャーズを含むMCUの一連の作品がヒットする理由も、そこにあるとみている。

長時間のコンテンツは、1990年代後半～2000年代半ばに生まれた、いわゆるZ世代（ジェネレーションZ）の行動とは相容れないようにも思える。Z世代は注意力が散漫で、1つの番組を長時間集中して見るのは苦手とされるからである（第1章を参照）。

このため、若い視聴者を狙って短時間で見られるビデオを提供するSVODが登場したのはある意味当然だった。2020年4月に始まった「クイビ（Quibi）」である。映画監督のスティーブン・スピルバーグのビジネスパートナーとして米ドリームワークス・アニメーションを立ち上げたハリウッドの重鎮、ジェフリー・カッツェンバーグと、イーベイやヒューレット・パッカード（HP）といった米国のIT企業のトップを歴任したメグ・ホイットマンがタッグを組み、17・5億ドル（約1900億円）もの資金を調達して立ち上げた鳴り物入りのサービスである[29]。その最大の特徴が、スマホ向けに1回当たり7～10分の番組を提供することだった。

ところがこのサービスは大失敗に終わった。開始から半年ほどの2020年10月、早くも撤退を表明したのである。コロナ禍で家に留まる人が多かったにもかかわらずテレビで見られなかったことや、トップ2人の不仲など、様々な原因が指摘されたが、詰まるところ、コンテンツに魅力がなかったことが最大の要因だったようだ[29][30]。わざわざお金を払ってクイビを見なくても、ユーチューブやティックトックの方がずっと面白いというわけだ。

この失敗は、必ずしも短いコンテンツの有効性を否定しないが、若者を虜にする短時間の有料番組を作る手法が確立していないことを露呈した。今のところ、たとえ長時間にわたっても、Z世代でも目を離せないほど面白いコンテンツを作り続ける方が有効な手段のようだ。実際、バイドゥーの「愛奇芸（iQiyi）」、アリババの「優酷（Youku）」、テンセントの「騰訊視頻（テンセントビデオ）」といった中国のIT大手の動画サービスは、独自のドラマ・シリーズやバラエティ番組の拡充により「抖音（ティックトックの中国版）」などのショートビデオのサービスからユーザーを取り戻し、業績が盛り返したという[31]。

ハリウッド流の宣伝・制作手法は終わり

クイビの失敗は、コンテンツの宣伝や制作で旧来のハリウッドのやり方が通用しなくなったことも示した。宣伝面では、巨額のテレビCMに頼る手法である。クイビは、

2020年4月のサービス開始よりしばらく前の同年2月初頭に、例年40%を超える視聴率を誇るNFLの王者決定戦「スーパーボウル」でテレビ広告を放映。ところがこの広告では、クイビがどんなサービスであるかを視聴者に伝えきれなかった。一方でティックトックやインスタグラム、ツイッター、フェイスブックなどには広告を出さなかったため、若い世代にほとんど認知されなかったという[30]。ハリウッド流の厳しいコピー対策の考え方が、ユーチューブなどを通したコンテンツのシェアを、ごく一部でも許さなかったようだ[29]。

制作面でも古い方法が幅を利かせていたとみられる。1990年代にディズニーアニメの「美女と野獣」「ライオン・キング」などを制作したカッツェンバーグは、番組の制作に細かい注文を付けたとされる。例えば若者向けにもかかわらず、ニュース番組のキャスターはスーツを着てデスクの後ろから話すべきだと主張して譲らなかったという[29]。ハリウッドでは、スタジオ側が制作に口を出し、撮影や編集をし直すことも珍しくない。制作決定のプロセスが人間関係に左右されたり、訴訟のリスクを排除するために見ず知らずの人物の企画は決して受け取らないなど、極めて閉鎖的な世界でもある[32]。

ネットフリックスの新流儀

これに対してSVODの市場を立ち上げたネットフリックスは、動画コンテンツの宣伝や制作に新風をもたらした。宣伝面では、SNSを介してバズる画像やショートクリップ（いわゆるミーム）などを巧みに利用している[33]。制作面では、基本的に作品作りに干渉せず、多くを映画作家の裁量に任せる「クリエーティブ・フリーダム」で成功したとされる。かつてネットフリックス向けにSFアクション大作「ブライト」を撮影した映画監督のデヴィッド・エアーは、その経験を「まるで超高額予算の自主制作映画のようだった」と米メディアで振り返った[34]。

もちろん、ネットフリックスはコンテンツの企画を闇雲に通すわけではなく、先述したように多くの視聴者を見込めると判断した上で制作や買い付けを決定する。ここでネットフリックスの特異な点は、巨額の資金を拠出する場合もトップの判断を仰ぐ必要がないことだ。制作や買い付けに出資する権限が複数の個人に分散しており、あたかも10～15社もの独立したエンタメ企業が並行して活動するかのように、機動的にコンテンツを生み出せるという[21]。

ただし、同社といえどもコンテンツの制作に視聴者のデータを利用することはないようだ。ユーザーがコンテンツにどのように反応したのかをクリエーターには伝えず、あくまでもクリエーターの感性に任せる。映画プロデューサーのエリック・ニューマンは、同社に何度頼んでもユーザーの反応のデータはもらえなかったという。同社のテッド・サランドスは「数字に囚われすぎると、同じものを何度も作ることになる。データはあくまでも過去に起きたことで、未来がどうなるかを知らせてはくれない」と米メディアに語っている[21]。

2021年9月、ネットフリックスはケニアで携帯機器向けに無償サービスを開始すると宣言し、業界に激震が走った。ケニアはアフリカ諸国の中でも経済成長と社会の安定が担保されており、携帯通信のインフラも整っている。ネットフリックスは、今後、アフリカ市場を席巻するためには、まずはケニアで圧倒的な利用者数を獲得することが有利とみて、少なくとも当初は広告も入れず、無償で（一部のプレミアム番組を除き、ゲームソフトも含む）アンドロイド携帯の利用者を獲得する赤字覚悟の戦略を断行した格好である。

こうした極めてアグレッシブなマーケティングが可能な理由は、赤字を気にせずブランドの浸透と利用者の獲得を追求した方が優位性が保証されるとの考えにある。加えて株主の多くも、現時点での利益追求よりも、市場占拠率に比例する企業価値の高揚を企業戦略として支持していることが背景にある。

劇場は超絶エンタメ空間へ

ハリウッドが作り上げてきた映画ビジネスは、ネットフリックスを嚆矢とするインターネット上の配信サービスに置き換えられつつある。この変化で最も甚大な打撃を受けるのは、これまで映画配給の中心に位置してきた映画館である。以前から徐々に進んできた観客の劇場離れは、2020年からのコロナ禍で一気に加速した。今や映画館は絶滅の危機にさらされている。

もちろん映画館チェーンが突然消滅するわけではなく、映画業界が当面は劇場からの収入を必要としていることも確かである。それでも長期にわたって映画館が生き残っていくには、1つの場所に大勢が集まって同じコンテンツを楽しむという劇場ならではの付加価値を打ち出していくしかない。こうした試行錯誤を通して、他では得られない超絶的なエンターテインメント体験を楽しめる空間に脱皮できるかどうかが勝負の分かれ目になるだろう。

コロナ禍以前から、映画館を変えようとする試みはいくつもなされてきた。例えば、3D映画をはじめ、大画面の「IMAX」や各種の体感を与える「4DX」といった強烈な刺激を与える方向である。技術の進歩によって、映像表現の幅を広げる方向ともいえる。

この方向で活用が進みそうな技術の候補には、例えば映像をスクリーンに投影する代わりに、巨大なＬＥＤディスプレーなどを用いる「直視型ディスプレー」の技術がある。いわば映画のスクリーンが巨大なテレビ画面になるような格好だ。

直視型ディスプレーを採用すると、これまでの映画よりも1秒間に表示するフレーム数を増やしてスムーズな映像を映したり、高い輝度でより鮮明な3Ｄ映像を表示したりできるようになる。周囲がある程度明るくても鮮明な映像を表示できるので、食事をしながら映画を見るといった用途に向く。直視型ディスプレーの画面上に微細なレンズを設けることで、視聴者がメガネをかけずに3Ｄ映像を楽しむようにすることも技術上は可能だ。

直視型ディスプレーは既に一部で実用化されている。米国で食事やアルコールを楽しみながら映画を鑑賞できる劇場に導入された例がある[35]。

劇場のスマート化やサブスクも

劇場を訪れる顧客を徹底的にもてなす方向性もある。座席や空間に贅を凝らしたラグジュアリーなシアターはもちろん、プロスポーツのスマートスタジアムなど、他のライブイベントで提供される様々なサービスを映画館に持ち込むこともあり得る。食事やグッズのデリバリーをはじめ、無線LANを整備してスマホを使いながらの視聴を許し、見逃した場面をリプレーしたり、友達とチャットしたり、専門家の解説を聞いたりできるようにするといった手段もある。友達と大騒ぎしながら鑑賞できる環境なども候補になるだろう。

ビジネスモデルの改善も進んでいる。米国の大手映画館チェーンは、月額料金を支払えば一定の本数の映画を見られるサブスクリプション方式を導入済みである。例えば最大手のAMCシアターズのサービス「スタブズAリスト（Stubs A-List）」に加入すると、月額20ドル前後（州により異なる）で毎週3本まで映画を楽しめる[36]。サブスクリプション制の劇場でも、一人ひとりの顧客がどのような映画を楽しんだかを記録して、気に入ってもらえそうなコンテンツを推薦するといったことは可能だろう。

インターネットの動画配信と共存共栄を図る道もある。例えば、SVODでの本放映に先駆けて劇場でコンテンツをプレミア上映する、ドラマシリーズの初回や最終回といった特別な回を劇場で楽しめるようにするといったアイデアだ[3][37]。

どれが正解かは、実際に試してみないと分からない。映画館の苦境を一挙に好転させる特効薬は見つかっておらず、様々な工夫を地道に積み重ねる期間が当分続きそうだ。

日本の映画業界の行方は？

ここまで紹介してきた映画の将来像は、まず米国で現実化したのち、日本でも次第に実現していく見込みである。消費者にとっての恩恵が大きい一方で、日本の映画業界には厳しい時代が到来することになる。これまでの常識が通用しなくなるばかりか、コンテンツの配信経路を外資系の基盤（プラットフォーム）に依存することになりそうだからである。国内には日本企業が手掛ける配信基盤がいくつもあるが、現状で劣勢である上、逆転の芽が見えないことは第1章で紹介した。

国内市場でも映画の主要な配信経路を海外勢に押さえられるとしたら、日本の産業はコンテンツの強さで競争力を発揮するほかない。配信サービスの浸透は、米国勢に限らず海外からの優良コンテンツの流入も意味する。これまで以上に質の高いコンテンツ作りが重要になることは確実である。日本ならではの独自性と高いエンターテインメント性を併せ持った作品を生み出し、あわよくば海外市場に打って出たいところだ。

そのためには乗り越えなければならない壁がある。国内映画の制作手法を、国際標準に見合う水準までアップデートすることである。

国内の制作現場では、依然として徒弟制度さながらの「見て覚える」やり方が残っている。これを変えようと、筆者は経済産業省の国費留学制度（同省が公益財団法人ユニジャパンに委託）を創始する委員会に参加して審査員を務めたことがある。エンタメ企業に在籍する社会人を主な対象として、世界標準の映像制作手法を米国のフィルムスクールで学んでもらう留学制度を立ち上げたのである。

この制度の初回と最終回の受給者は、それぞれ超難関のＡＦＩ（アメリカン・フィルム・インスティテュート）とコロンビア大学芸術大学院を優秀な成績で卒業した。それにもかかわらず、日本のメディア産業からはリクルートされず、現在は2人ともネットフリックスの日本法人に雇用されている。セオリー通りの制作手法を持ち込もうとしても、感覚的な手法が当たり前の国内の現場では敬遠されてしまった格好だ。結果が出なかったことから、結局この制度は頓挫してしまった。

国費を費やして優秀な人材を米国の超一流校に留学させても、その人材の積極的な起用に興味を示さない民間、そして出口の制度化までは面倒をみない行政の組み合わせでは、エンタメ産業の本当の国際化は期待できない。中国や韓国のように、まずは国際市場の求めるものが何かを理解して帰国し、「オタク」向けやアニメに加えて、メインストリームのコンテンツを創造できる人材を育成しなければ、国内コンテンツ産業は深刻なガラパゴス化のスパイラルから抜け出せない。

実際、中国や韓国、インドなどの実写作品の制作現場では、ジャンルを問わず合理的な理論に基づいた映像制作のフレーミング、コンティニュイティー、編集、照明、音響の手法が広がっている。韓国映画がアカデミー賞を取った舞台裏には、日本の業界との間にこのような違いがあったのである。

配信サービスが国内と世界の市場の境目を崩していく時代に、日本流の制作手法のままでは海外のコンテンツに太刀打ちできなくなる。まずはここを改めることが、日本の映画界の未来を決める第一歩になるだろう。

第3章 放送

テレビもネットが主戦場 手厚いサービスでファンを拡大

平均で42％減。ＮＢＣユニバーサルが米国でテレビ中継した２０２１年の東京オリンピックの視聴率は、前回２０１６年のリオデジャネイロ大会と比べて急落した[1]。リオ大会では２６７０万人に達したプライムタイムの平均視聴者数が今回は１５５０万人と、１０００万人以上の大幅減である。

時差が視聴率に大きな影響を与えることは織り込み済みであったが、コロナ禍に予想以上の影響を受けたことは間違いない。無観客の試合、出場を取りやめた有名アスリート、選手や報道陣に課せられた外出制限などは、大会の盛り上がりに冷水を浴びせ続けた。

ただし、低視聴率の理由はそれだけではない。もう一つのより深刻な元凶が、視聴者のテレビ離れである。リオ大会からの5年間で急速に広がったインターネット上の動画サービスが、消費者の限りある時間を奪い去った。米国では若年層を中心に、スケジュール通りに放送されるテレビ番組（リニアＴＶ）を見る機会は大きく減った。その代わりに台頭したのが様々な動画配信サービスで、有料のＳＶＯＤや広告付きのＡＶＯＤはもちろん、ユーチューブやティックトックなどの投稿動画、ツイッターで流れるショートクリップやツイッチのゲーム中継などをオンデマンドで楽しむのは、もはや当たり前である。

オリンピック中継も例外ではない。ＮＢＣユニバーサルが米国メディアに語ったところによれば、テレビ放送と同時に実施したウェブサイトやスマホ向けアプリ、ＳＶＯＤサービス「ピーコック」でのオリンピック動画の視聴は、リオ大会の時と比べて22%増の43億分に達した[1]。同社がティックトックで提供したオリンピックチャンネルのフォロワー数は、開会式以降に348%も伸びた[2]。

NBCユニバーサルの手際が良ければ、動画配信の視聴者数はもっと増えていたかもしれない。同社は今回の東京オリンピックで2つの地上波放送、6つのケーブルチャンネル、インターネット配信を合わせて7000時間に及ぶ動画を提供しており、見たい競技がどこで放映されるのか分かりにくかったとの声が多い[1][2]。オリンピックを見るためにピーコックに加入したにもかかわらず、望みの動画が見つからず結局ケーブルチャンネルで楽しんだ視聴者もいたようだ[1]。視聴者がお目当ての動画にスムーズにアクセスできるよう使い勝手が整理されれば、ネット配信の人気はさらに高かった可能性がある。

とはいえ1550万人というテレビ放送の視聴者数は、まだまだ巨大な数字である。ニューヨークタイムズ紙は、視聴率が高い最近の番組の代表例としてCBSのリアリティー番組「ビッグブラザー」を挙げたが、それでも400万人に満たないという[2]。事実、NBCユニバーサルは東京オリンピックでリオ大会を上回る12億ドル（約1320億円）もの広告売り上げを達成している。予想以上の低視聴率を他の広告枠で補塡する必要はあるものの、十分な利益を確保できるという[1]。

すべてのコンテンツをネットで

ＮＢＣユニバーサルの東京オリンピック中継は、米国のテレビ局が置かれた過渡的な状況を表している。リアルタイムに見ることが大きな意味を持つスポーツのライブ中継でさえ、インターネットの動画配信に置き換わりつつあるのだ。テレビ番組の主たる伝送手段が、放送からインターネットに移行するのはもはや時間の問題である。今後は第２章で概観した映画やドラマだけでなく、スポーツ中継やニュース、バラエティー番組といったすべてのテレビ番組をネット経由でオンデマンド視聴することが普通になっていくだろう。

そもそも米国では、テレビ向けに放送した番組を同時にインターネットで見られることがずいぶん前から当たり前である[3]。米国のテレビ放送の４大ネットワーク「ＡＢＣ」「ＣＢＳ」「ＮＢＣ」「ＦＯＸ（フォックス）」は放送中の番組を、ウェブサイトやアプリを通じて同時配信してきた。一部の番組のオンデマンド視聴も可能である。このほか「ユーチューブＴＶ」など、ケーブルテレビの有料放送をインターネットでストリーミング視聴できるサブスクリプション型のサービスもあった。

それでもこれまでは、地上波や衛星、ケーブルテレビなどを使った番組放送がテレビ局の事業の中心を占めてきた。実際、米ニールセンの２０２１年５月の調査では、米国におけるテレビの利用時間に占めるストリーミング動画配信の比率は26％だったのに対し、ケーブルテレビは39％、放送は25％と、依然として存在感は大きい［4］。ただし、上り調子の動画配信とジリ貧のケーブルテレビや放送では勢いの差は明らかで、近い将来に両者の関係が逆転するのは確実である。

事実、米国のテレビ局では、この時代をにらんだ体制づくりが急ピッチで進んできた。米国の大手テレビ局は、映画スタジオなどと一体となったコングロマリット（複合企業）を形成している【図3－1】。それぞれのコングロマリットでは「ストリー

図3-1 米国のメディア・コングロマリット

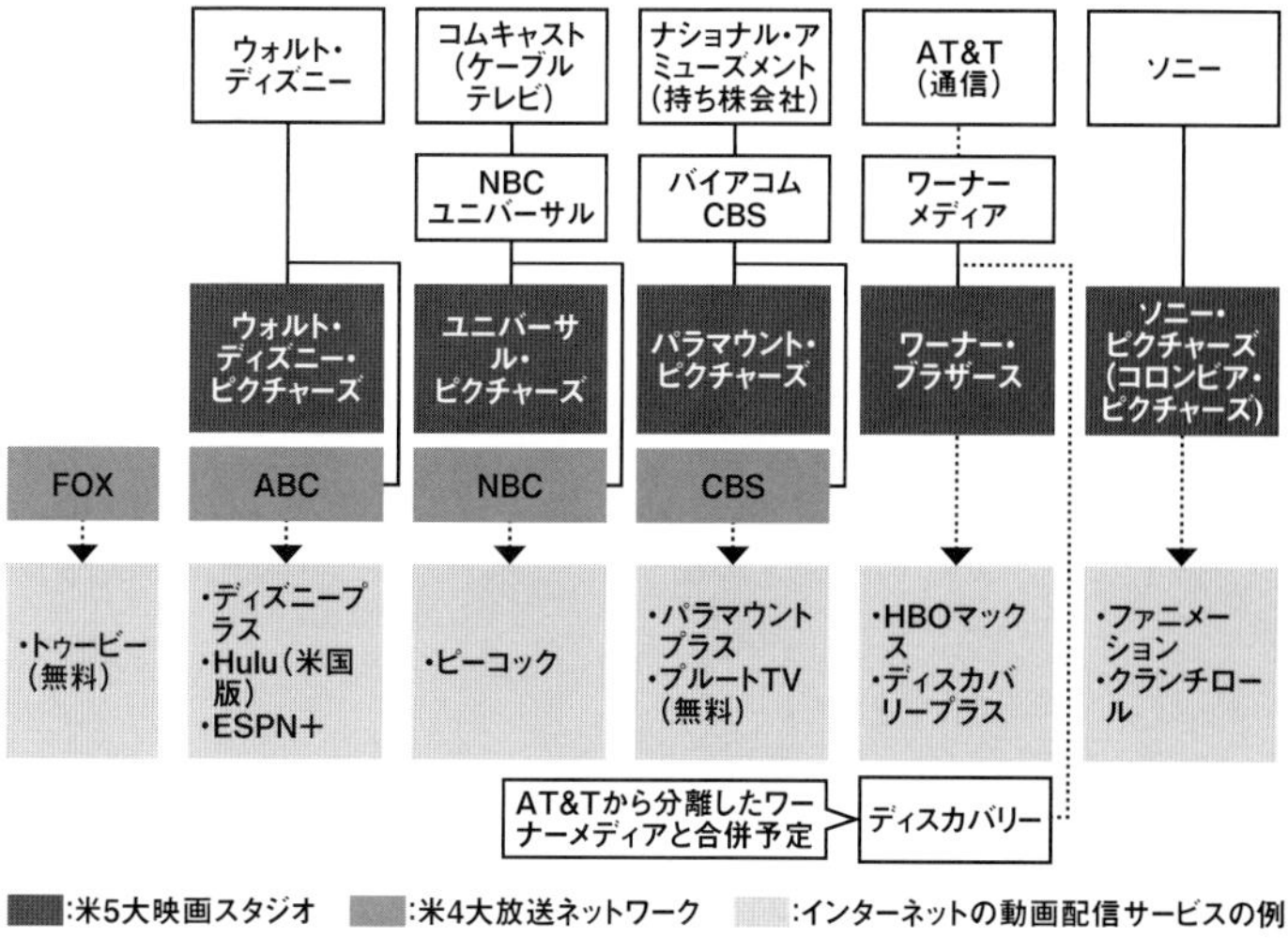

（出所：各社の発表を基に作成）

ミング・ファースト」時代に向け人事や組織の再編といった構造改革が進行中だ[5]。

既に、各社とも主軸となるSVODサービスを立ち上げ済みである。ABCを擁するディズニーは、米国では「Hulu」、日本を含めた米国外ではディズニープラスの拡張機能「スター」でABCのコンテンツを配信する[6]。NBCユニバーサルは「ピーコック」、バイアコムCBSは「パラマウントプラス」を中心に据えた。残る1社のFOXは、広告で運営するAVODサービス「トゥービー」に力を入れている[7]。現状ではスポーツ中継やニュースは放送に残したり、ウェブサイトやアプリでは見られる番組がSVODにはなかったりするなど、視聴者を迷わせる部分が残っている。サービスによっては、シリーズ番組の最終回になるとアクセスが集中して、サーバーがダウンしてしまうといった問題もある[8]。こうした難点は時間と共に解消され、あらゆるコンテンツをインターネットでストリーミング視聴できる環境が、米国では遠からず成立するだろう。

コンテンツも広告もカスタマイズ

インターネット上の動画配信がテレビ局の主力サービスになると、各社の競いどころは放送の時代とは異なる点に移っていく【図3－2】。

各局の最大の武器がコンテンツの質と量になるのは間違いない。加えて、配信サービスの使い勝手が人気を大きく左右することになろう。次々に投入される新作や過去の人気番組が、冒頭で示したNBCのオリンピック中継と同様な混沌を引き起こすことは想像に難くない。使い勝手が悪ければ、どんなにいいコンテンツがあっても視聴者がアクセスできなくなってしまうのだ。

膨大なライブラリから視聴者が求めるものを掘り起こすには、視聴行動を基に一人ひとりの好みを割り出し、コンテンツの推薦やサービスのカスタマイズに生かすしかないだろう。第2章で紹介したネットフリックスの取り組みと同様なパーソナライゼーション（一人ひとりに向けたカスタマ

図3-2 動画配信サービスの将来像

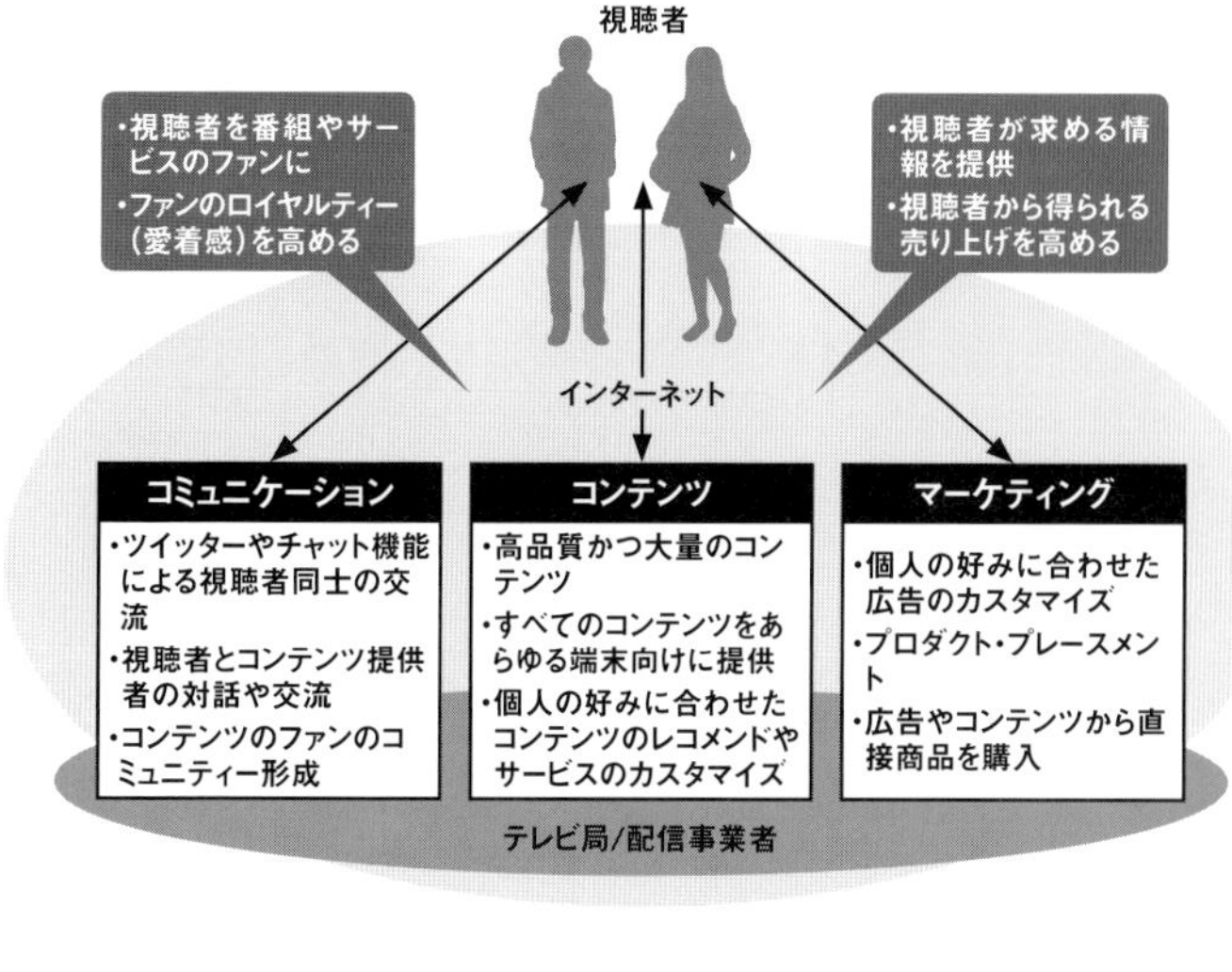

イズ）の追求が、動画配信サービスには不可欠になる。
一度こうした仕組みができれば、広告の表示にも応用されるのは間違いない。米国の大手テレビ局が放送から動画配信に軸足を移す理由には、広告の事業がインターネット上の各種サービスに奪われつつあることもある。インターネット上のサービスの強みは、ユーザーがどのようなウェブサイトを閲覧したかを「クッキー」と呼ばれる仕組みを使って追跡し、個人の好みに的を絞った広告を表示できることだ。最近では、消費者のプライバシーを尊重してグーグルがクッキーの仕組みを使わずに済む方法を提案するといった動きがある[9]。だが、個人に特化した広告の提供を目指す方向に変わりはない。

これに対抗するには、動画配信サービスの広告にも同様の効果が求められる。そもそもテレビ業界にとって、視聴者ごとに適した広告を切り替える方式は積年の課題だった。その解決努力の甲斐あって、米国ではケーブルテレビの端末などを利用し世帯ごとに効果の高い広告を振り分ける「アドレサブル（視聴者の属性を絞り込み、ＡＩが選択した異種のＣＭを各世帯に流す）広告」が浸透しつつある[10]。インターネットで直接視聴者とつながる動画配信では、さらにフレキシブルかつ個人ごとにターゲット化された広告表示が可能であり、プライバシー侵害への懸念を抑えながら提供できれば、消費者にとっても有益な情報になり得る。

ここにきて、インターネットの動画配信に広告が殺到する兆しも出てきた。2021年7月に発表されたユーチューブの同年第2四半期の広告売上高は、前年同期比83％増の70億ドル（約7700億円）に急拡大し、関係者を驚かせた[11]。サブスク制の「ユーチューブプレミアム」の会費などを含めるとさらに高い売り上げになり、同じ四半期のネットフリックスの売上高（同19・4％増の73・4億ドル）と遜色ない数字である。月間1億2000万人に達するユーチューブの視聴者数（2021年6月時点）あってこその金額だが、動画広告市場自体に成長の余地が大きく、広告を原資とするAVODサービスを支える規模に育つことは確かである。その証拠に、例えばバイアコムCBSのAVOD「プルートTV」は2021年に10億ドル（約1100億円）の売上高を達成する勢いだ[12]。

コンテンツが広告に

一方でネットフリックスのような広告なしのSVODサービスでも、企業のマーケティング活動とは無縁ではいられない。コンテンツの魅力を商品の販売促進に利用する方法は広告以外にもいくつもあり、効果が高いことも知られているためである。これを事業に結びつければ、コンテンツ提供側は収益の拡大や制作費の軽減を図ることができる。

代表的な手法が「プロダクト・プレースメント」である。コンテンツの映像に商品を映し込んだり、登場人物に商品を使わせたりすることへの対価を求める手法で、欧米では映画スタジオやテレビ番組制作会社の大きな収入源になってきた。

インターネットの動画配信と最新の技術を組み合わせれば、プロダクト・プレースメントの効果は一段と高まる。視聴者一人ひとりの好みに応じて、画面に映る商品を差し替えられるからだ。ビル・ゲイツが所有する米国ロサンゼルスの企業BEN(ブランデッド・エンターテインメント・ネットワーク)は、機械学習技術を使って番組がヒットするかどうかを予測し、プロダクト・プレースメントを希望する顧客と番組の間を取り持つ事業を展開している[13]。視聴者ごとに異なる商品を表示する技術も持つという。

英国のミリアドは、過去に制作されたコンテンツに商品の映像を自然にはめ込む技術を開発[14]。既に中国の「騰訊視頻(テンセントビデオ)」で配信された作品に利用され、1億人以上が見たとされる。同じく中国の「優酷(Youku)」で配信されたドラマ「歓楽頌(Ode to Joy)」では、撮影後のシーンに韓国サムスン電子のスマホの広告を差し込んだという。SVODなどインターネットの動画配信では、過去の作品でも継続的な視聴を稼げることから、視聴者の興味や時流に応じて商品をはめ込む技術には大きな需要がありそうだ。

こうした技術の後押しもあって、プロダクト・プレースメントの市場は順調に拡大中である。米国の調査会社ＰＱメディアによれば、２０２１年には世界で２３３億ドル（約2兆５６００億円）に達し、前年と比べて13・8％増と、マーケティング支出全体の５・９％増を大きく超える成長を遂げるという[13]。コンテンツとマーケティングをつなぐ有力な手段として、将来にわたって活用が進むことは確かである。

もっとも、プロダクト・プレースメントは作品の雰囲気を損なう場合があるため、必ずしも積極的な企業ばかりではないようだ。米国のＨｕｌｕにはプロダクト・プレースメントの機会を検討する専門の部署があるのに対し、ネットフリックスは対価を求めて作品に商品を登場させることはほとんどないと主張している[15]。新作の世界同時配信を基本とする同社では、露出地域別に実写やＣＧで商品の差し替えを要求されることが多いプロダクト・プレースメントの煩雑さに対応しきれない側面もある。

ネットフリックスが積極的なのは、自社のコンテンツをアピールするために各種のブランドと組む方法である。例えば人気シリーズ「ストレンジャーシングス」に登場した１９８５年当時の新製品「ニューコーク」を、コカ・コーラが期間限定で販売するといった取り組みだ。こうした手段には、消費者の日常生活とコンテンツの世界の境界をぼやかし、作品に対するファンの視聴意欲を高める効果がある。大量のコンテンツの中に埋もれた作品に再び注目を集めるきっかけにもでき、やはり今後も活用が広がるだろう。

eコマースからtコマースへ

コンテンツを商品の紹介に使うだけでなく、販売の入り口にする取り組みも広がりつつある。アマゾン・ドット・コムは、プライム・ビデオで配信した作品を、商品の販売につなげる試みをここ数年繰り返している[16]。

米国の人気歌手リアーナが手掛けるランジェリーブランド「サヴェージXフェンティ」のファッションショーの舞台裏を追ったオリジナル作品を2019年からプライム・ビデオで放映し、作中で商品を購入できるアマゾン上の特設サイトを紹介。2020年には、ファッションデザイナーが競うリアリティー番組「メイキング・ザ・カット」の配信を始め、優勝した作品を購入できるサイトを立ち上げた。2021年3月には、これまでもプライム・ビデオで放映してきたNFLの木曜日の試合の独占放映権を2033年まで獲得したと発表。その1週間後にNFLのライセンス商品の品ぞろえを一挙に拡充させるなど、両者を連動させる布石を着々と打っている[17]。

これらの取り組みは、テレビ番組を通じた商取引、いわゆる「tコマース」の先駆けといえる。視聴者の反応は上々のようだ。アマゾンスタジオのCOO（最高執行責任者）を務めるアルバート・チェンは、メイキング・ザ・カットの取り組みを評して「驚くほど成功した」と発言しており[16]、2021年7月には第2シーズンの配信が始まった。NFLの件をはじめ、今後もtコマースの可能性を探る試みが続くことは必至である。

アーティストや動画が窓口に

ちなみにリアーナは、サヴェージXフェンティに先立って2017年に設立した化粧品ブランド「フェンティビューティ」で大成功を収め、2021年現在の資産価値は総額17億ドル（約1870億円）に達するとされる[18]。資産のうち実に14億ドルが、彼女の持ち分とされる同ブランドの株式50％の価値である。

成功の理由として、様々な肌の色に合う化粧品という着眼点が良かったのはもちろん、インスタグラムやツイッターで1億人を超えるフォロワーを持つインフルエンサーとしてのリアーナの存在が大きかったことは言うまでもない。つまりプライム・ビデオの番組は、ある意味インフルエンサーが商品を紹介するマーケティングの一環とも見なすことができる。今後は多くのアーティストや有名人が、同様な手法を使った事業に乗り出すことも予想される。

なお米国では、インフルエンサーがストリーミング動画に生出演して製品を販売する「ライブコマース」が拡大する兆しもある[19]。日本ではメルカリなどで注目された後、一時の勢いを失ったが、海外の盛り上がり次第では再び息を吹き返すかもしれない。

インターネットの動画配信では、さらに踏み込んだ方法も実現しそうだ。アマゾンの取り組みのように商品そのものを中心に番組を制作しなくても、例えばプロダクト・プレースメントでコンテンツに登場した商品も当然ながら販売対象になる。視聴者の興味を引くように、レコメンデーションのメッセージをコンテンツのサブ画面に表示したり、視聴者のスマホに送ったりすることも可能である。視聴者の好みを把握していればなおさら効果が高まるだろう。

もちろんメッセージが視聴の妨げになると逆効果になるため、視聴者を自然に誘導する工夫が必要になりそうだ。例えば購入の手続きを別の画面に分ける代わりに、コンテンツの中に表示された商品の画像をクリックして購入できるようにするといった方法も技術的には可能である。

tコマースに向く商品や窓口になるコンテンツがどれくらい広がるか現時点では不透明だ。アマゾンの例のように、アパレルやファン向けの各種グッズが先陣を切るとみられる。

プロダクト・プレースメントに積極的でないネットフリックスも、こうした商品の販売に乗り出している。オンラインショップの「ネットフリックス・ドット・ショップ」を開設し、大ヒットした「イカゲーム」の関連商品、ファンタジー大作「ウィッチャー」の最初のシーンを象ったフィギュア、人気作「ルパン」とルーブル美術館がコラボしたグッズなどを用意した。こうした商品の販売は、コンテンツの視聴体験とうまく連動させることが可能だろう。

自粛中でもウォッチパーティー

動画配信サービスが強化する機能は、広告など商品のマーケティングに関わるものに限らない。コンテンツを視聴する人々のコミュニケーションを促す機能にも力を入れつつある。その先駆けが、コロナ禍の中で広がった「ウォッチパーティー」である。この機能を皮切りに、ユーザー同士やユーザーと提供者側の交流を取り持つ様々な機能が盛り込まれていきそうだ。

ウォッチパーティーとは、離れた場所にいる友達や家族と同じ動画を見ながら、画面上のチャットで会話する機能である。2020年に入って、多くのSVODサービスがこの機能を導入した。例えばアマゾンのプライム・ビデオでは、コンテンツの再生画面で指定するとウォッチパーティー専用のURLが発行され、そこにパソコンやスマホのウェブブラウザー（閲覧ソフト）でアクセスすることでチャットが可能になる。会話の内容はコンテンツの画面の横に表示される。テレビでコンテンツを見ている場合は、参加者がパソコンやスマホで入力した文字を、テレビの画面で見ることができる。

多くのサービスがこの機能を導入した一因は、コロナ禍の下で視聴者側に強い需要が生じたことだ。自粛生活で直接会えなくなった人たちとオンラインでつながって映像を楽しむ使い方が一挙に広がった。米国の調査会社TDGリサーチの調べでは、米国ではコロナ禍の間にSVODユーザーの7人に1人がウォッチパーティーを体験したという[20]。人数にして2500万人にも上る。

コロナ禍が去った後も利用はさらに広がる可能性が高い。TDGリサーチの調査によれば、まだ体験したことのないユーザーの54％が利用に前向きという。現時点のウォッチパーティには改良の余地が大きいことも、視聴者に利用を促す要因になる。ウォッチパーティー利用者の半数以上が使っていた「テレパーティー」と呼ばれるソフトはウェブブラウザーの拡張機能で、パソコンでしか利用できない。これに対して、多くの利用者はテレビで使えるサービスを望んでいる。また、会話が一番盛り上がりそうなスポーツ中継で利用できるサービスもまだ少ない。これらの難点が解消されれば、ウォッチパーティーの魅力はますます高まる。

ウォッチパーティーの実装は、配信サービス側の利点も大きい。ウォッチパーティーの参加者は全員が同じサービスに加入する必要があるため、ユーザーの囲い込みにつながる。ユーザーが書き込んだ内容を一人ひとりの好みの推測や人間関係の分析に利用することもできそうだ。視聴者の能動的な参加は、サービスに対するロイヤルティー（愛着感）やエンゲージメント（思い入れ）の向上に寄与する可能性もある。解約率の抑制が至上命令である動画配信サービスでは、ロイヤルティーの維持・向上は何よりも重要だ。

スタジオとお茶の間が地続きに

ユーザーのコミュニケーションを促進する機能は将来にわたってさらに進化を遂げるだろう。新しいコミュニケーションの形態を作り出していくのは、10代～20代前半の若者、いわゆるZ世代である。この世代はテレビを見ながらSNSで友達とやり取りするなど、せわしない行動で知られている（第1章を参照）。TDGリサーチの調査でも、ウォッチパーティーをしたことがある比率が圧倒的に高いのは18～24歳の層だった[20]。

将来のサービスのひな形は、若年層向けにビデオゲームの対戦をストリーミング中継する「ツイッチ」などに見ることができる。ツイッチでストリーミング中継をする配信者は、サードパーティーの開発者が制作した拡張機能を利用して、自分のチャンネルに多彩な対話機能を追加できる。世界中の配信者や開発者を巻き込んで、無数にある競合チャンネルの中から自分のチャンネルを選んでもらう秘訣を探っているイメージだ。

ツイッチの画面は、メインの配信画面とその右横のチャット画面、メイン画面の下にある各種情報を表示する部分（パネル）から成る。配信者はメイン画面に重ねる（オーバーレイ）画面や、パネルに組み込む画像要素などを使ってチャンネルをカスタマイズできる。現在ある拡張機能を利用するだけでも、多種多様な仕掛けを配信サービスに組み込める[21]。

ユーザーの指示に応じて動画の画面に統計情報を重ねて表示するといったものから、視聴者へのポイント付与、意見を聞く投票やプレゼントの抽選、ミニゲームの提供といった、チャンネルへの定期的なアクセスを促す機能の追加も可能だ。視聴者自身がアドベンチャーゲームに参加したり、「ビッツ」と呼ぶ投げ銭機能でゲームのアイテムを贈ったりできる上、チャンネルに登録した視聴者のみが見られるコンテンツを表示するといった機能もお手の物である。

今後は大手テレビ局が関わる動画配信サービスにも、同様の機能が組み込まれていく。

例えばニュース専門局のCNNが2022年に始める予定のSVODサービス「CNNプラス」では、「インタラクティブ・コミュニティー」と呼ばれる機能が導入される予定だ。この機能によって、「視聴者は一番気になる問題について、当社のタレントや専門家と直接交流できるようになる」という[22]。いわば視聴者がいるお茶の間とテレビ局のスタジオが、地続きになる格好だ。

ツイッチの配信者（ストリーマー）もCNNの取り組みも、自分のサービスと視聴者のコミュニティーをひも付けることで、ロイヤルティーやエンゲージメントの引き上げを狙っている。PwCは、今後のSVODに必要な機能を分析した報告書で、やはりユーザーが交流できるコミュニティーの形成を提唱した[23]。多くの視聴者で賑わうコミュニティーを生み出せるかどうかが、動画配信サービスの競いどころになるだろう。

小粒なサービスは淘汰へ

高品質のコンテンツを次々に生み出し、過去の膨大なライブラリーと合わせた中から、視聴者の好みのものを提供する。広告やプロダクト・プレースメントを通して企業のマーケティング活動と連携し、チャットやオンラインのコミュニティーをテコに視聴者のコミュニケーションを促進する。こうした動画配信サービスの姿は、今後数年で次第に鮮明になっていくだろう。特にアマゾンのプライム・ビデオやネットフリックス、ディズニープラスなど、日本でも利用できる米国発のサービスは着実にこの方向に向かっている。

一方で、日本企業が手掛けるサービスの動きは、米国勢と比べて鈍い。日本発の動画配信自体は豊富にある。特にテレビの民放キー局は、有料・無料の双方でいくつもサービスを展開している【図3-3】。ただし、いずれもコンテンツの量や視聴者数が小粒で、米国企業のサービスの対抗馬としては心許ない。何より、米国の放送局がSVO

図3-3 NHKと在京キー局が手掛ける動画配信サービス

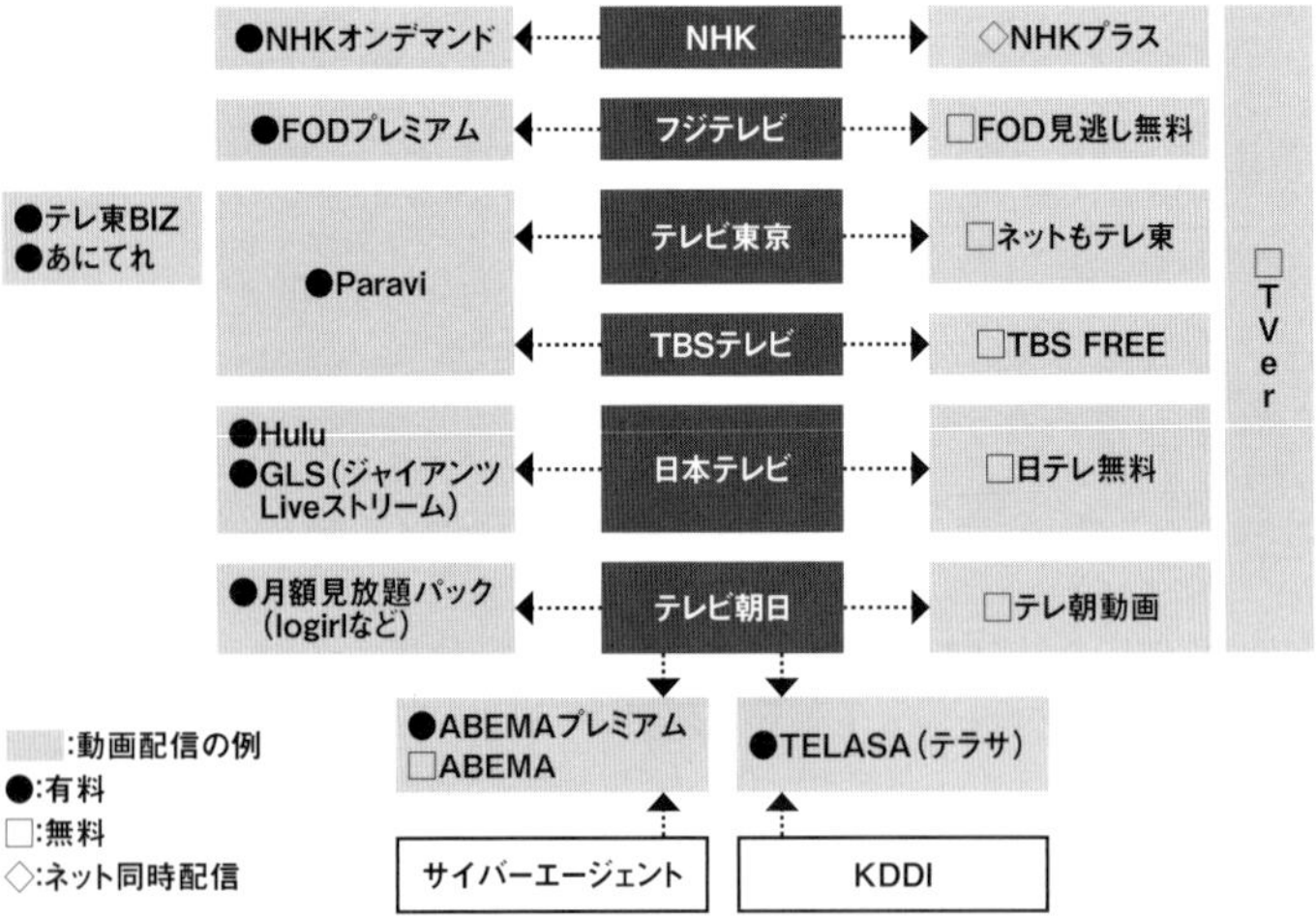

(出所: 各社の発表を基に作成)

Dなどの動画配信に大きく舵を切ったのに対し、日本の放送局にはインターネットを主戦場とする強い意気込みは感じられない。

彼我の差は、ネットで配信する独自コンテンツへの力の入れようにはっきりと表れている。ディズニーやネットフリックスといった大手は、2021年に1~2兆円以上ものコンテンツ制作費を投じる（第1章を参照）。対する日本勢のうち、2020年代半ばをメドに動画配信など非放送事業の収入比率を50％以上にするという意欲的な目標を掲げる日本テレビでも、コンテンツ制作に用意した金額は200億円に過ぎない[24]。日本の放送事業者としては英断だが、米国大手と比べて桁が2つも違う。

2021年8月、NBCユニバーサルの親会社であるコムキャストとバイアコムCBSは欧州向けSVODサービス「スカイショータイム」を共同で立ち上げると発表した[25]。前者の「スカイ」ブランドと後者の「ショータイム」ブランドを合体させ、米国で展開する「ピーコック」や「パラマウントプラス」などの膨大なコンテンツを盛り込んで、欧州市場に攻め込もうというのだ。ネットフリックスやディズニープラスといった先行サービスに対抗するには、ここまでする必要があると判断した格好である。

このまま日本のテレビ局が小粒のサービスを個別に続けていても、米国勢に打ち勝つことは難しい。視聴者数や利用頻度でジリ貧になり、テレビ放送を牛耳ってきた民放キー局といえども、インターネット上では米国企業の動画配信プラットフォームなどにコンテンツを提供するだけの存在になりかねない。

これは、かつて世界に名を轟かせた日本の家電メーカーの没落にも似た状況といえる。今も日本の家電メーカーは自社ブランドのテレビを販売しているが、動画配信用アプリの実行基盤はグーグルの「アンドロイドTV」、「アップルTV」やアマゾンの「ファイアTV」といった外付けの機器が標準であり、自社の独自規格を使う意味がなくなってしまった。インターネット対応テレビの急所を米国勢に握られた格好である。

状況を打開する一手は、民放各社とNHKの一部番組の見逃し配信を手掛ける「TVer」のように、国内テレビ業界の力を結集することかもしれない。ただし、関係企業が増えるほど意思決定は困難になりがちである。かつて日本テレビがHuluの日本事業を買収した際、同社は他局の番組の配信も請け負うことで、「日本テレビのHuluではなく、日本の動画配信プラットフォーム」に育てる構想を描いていた[26]。結局このアイデアは実を結ばなかった。

2021年現在、広告ベースのAVODであれば、まだ日本勢の活躍の余地が大きいように見える。もっとも、ネット広告の受け皿として各社が期待するTVerは、2021年3月に月間動画再生数が1億8000万回を超えるなど視聴が伸びているものの、広告枠がすべて埋まったことはないという[27]。状況を好転させるには、提供するコンテンツの質や量の桁違いの引き上げといった大胆な強化策はもちろん、放送よりもネット配信を重視する決意が求められる。無料の動画配信にはユーチューブを筆頭に、ツイッターやインスタグラムなどのSNSも力を入れており、AVODサービスとしての成長を狙うのであれば早めの行動に越したことはない。

守られた日本のテレビ業界

日本には、テレビ局が関わるもの以外にも、「U-NEXT」「dTV」「ニコニコ動画」「GYAO!」など、有料、無料含めてインターネット上に多くの動画配信サービスがある。放送よりもネット配信が主流になる時代を迎えたときに、これらすべてが共存することは難しいだろう。巨大な資本を背景に海外から上陸するサービスに本気で対抗するには、小規模なサービスに力を分散するのではなく、提携や買収などを通じて資本や人材を集中する必要がある。ただし、国内でそれに類する動きはほとんど見られない。

そもそも日米の企業の間で巨大な差が生じたのは、米国の放送局は年間の売上高が数兆～10兆円超となるメディア・コングロマリットの一部であるのに対し、日本ではそのような巨大企業につながる再編が進まなかったことにある。米国ではＡＴ＆Ｔやケーブルテレビ最大手のコムキャストといったインフラを持つ大物企業が、映画やテレビの業界再編の一翼を担ったのに対して、今のところ国内にそうした例はない。日本の民放キー局と映画会社の間には一部に資本関係があるものの、基本的に別々の企業である。

大規模な再編が起きなかった最大の理由は、国内の放送業界が電波に関わる法規制の下で手厚く保護されてきたことにある。国が認めなければ新規参入がない守られた業界で、放送局は安定したビジネスを営んできた。特にテレビの民放キー局は、大半の時間枠において全国スポンサーへの広告営業を大手代理店に間接的に任せることで、営業収入の大半が保証されている[28]。その上、民放キー局は不動産などの豊富な資産を抱えており、放送事業での収入がある程度減少しても揺るがない経営基盤がある。こうした背景から、日本の放送業界には基本的に現状維持を是とする保守的な考え方が染み付いている。

業界再編の試みがなかったわけではない。２０００年代半ばにホリエモンこと堀江貴文率いるライブドアがフジテレビに買収を仕掛けたが、強引な手法や強気の発言なども相まって結局は頓挫した[29]。フジテレビが助けを求めた楽天も、フジテレビに経営統合を求めて反発を招き、その後に狙いを定めたＴＢＳの買収にも失敗する[30]。個別の事象の是非はさておき、この時の経験が業界再編の芽を摘み、テレビ業界をますます頑なにしてしまったのかもしれない。連続ドラマ「日本沈没」がTBSとネットフリックスの共同製作となり、2021年10月、地上波でのオンエア直後からネットフリックスでも視聴可能になるなど、放送局ごとに新たな試みに乗り出す動きはあるものの、日本のテレビ局全体の将来を見据えた大胆な提案が現れる気配はない。

始まったラジオ業界の再編

それでも広告市場や視聴者の変化は、日本でも否応なく進んでいく。この結果、国内の放送業界でも企業体力の弱いラジオ局や地方のテレビ局などから徐々に再編が始まるのは確実に思える。

コロナ禍で極めて厳しい状況に置かれたラジオ業界では、既にその兆しがある。2020年7月に新潟県全域を対象にFM放送を提供してきた独立系の新潟県民エフエム放送が倒産[31]。同年9月には、木下グループ傘下の外国語放送局「ｉｎｔｅｒＦＭ897」を全国FM放送協議会（JFN）系の番組制作会社であるジャパンエフエムネットワークが買収した[32]。その後、複数の新規株主を招き入れJFNの持ち株比率は軽減させたものの、JFNのキー局であるエフエム東京が、関東圏で実質的に2つのラジオ放送局を運営することになった。

　こうした動きと並行して、ＡＭラジオの放送局は、ＡＭからいわゆるワイドＦＭ（アナログテレビ放送の終了で利用可能になった周波数を利用する方式）への移行が求められている。老朽化が進むＡＭ放送の送信設備を更新する代わりに、運用コストが安いＦＭ放送に鞍替えする格好である。２０２１年６月には、民放ラジオ47局中44局が、２０２８年までにＦＭ局になるロードマップが発表された[33]。各社がこれまで利用してきたＡＭ波の利用停止（停波）は、早い会社では２０２８年にも実現しそうだ。ＡＭ局は送信施設用に広大な敷地を所有しており、文化放送が埼玉県川口市に、ＴＢＳが同県戸田市にそれぞれ持つ不動産はＦＭ移行が完了すれば、巨額の利益をもたらすことから、新規事業展開の逼迫感が希薄になっているようにも見受けられる。

　こうしたラジオ業界の動向は、番組の伝送媒体をより安価な手段に移すことで自社の負担を減らし、これまで利用してきた電波を国に返還する動きといえる。この考え方を推し進めると、最終的にはラジオ放送はインターネットの配信で置き換えられてもおかしくない。

音声もやはりネット配信に

現にラジオ局はインターネット上の配信に今後の活路を見いだそうとしている。代表例はラジオ放送をインターネット経由で聴けるスマホアプリ「ｒａｄｉｋｏ（ラジコ）」である。テレビ放送のＴＶｅｒと同様にラジオ局各社が協力して立ち上げた無料サービスで、過去1週間の放送番組を聴くことができる。

ＴＶｅｒとの最大の違いは、今いる地域の放送であればリアルタイムでもストリーミング聴取が可能なことである。その上、地域制限なく全国の放送を楽しめる有料のプラン（月額税込３８５円）も用意されている。

コロナ禍における自粛生活はラジコにとって追い風になった。２０２０年3月までは７５０万人程度だった月間アクティブユーザー数が、同年4月に緊急事態宣言が出されると、一挙に９００万人を超えた。２０２１年5月時点でも９００万人程度の数字を維持しており、しかも新規に獲得した利用者の28・3％が15～19歳の若年層だという[34]。現在の収益の柱である有料プランに加え、利用者ごとに内容を差し替える音声広告の事業も拡大する両面作戦で成長を目指す方針である。

ラジオ業界が期待をかけるもう一つの手段が、インターネット経由で音声コンテンツをオンデマンドで楽しめるポッドキャストだ。スポティファイやアップル・ポッドキャストといった配信サービス向けにコンテンツを提供するだけでなく、エフエム東京が同社と系列局のコンテンツを配信する独自サービス「ＡｕＤｅｅ（オーディー）」を立ち上げるといった動きもある。オーディーは既に年間数億円の売り上げに達しており、エフエム東京はデジタル・プラットフォーム事業にも積極的な姿勢を見せている。

これらの取り組みはあくまで氷山の一角で、音声の場合もインターネット上には多くの配信サービスが乱立している。ただし、ラジオ業界の動きはテレビ放送よりも数年先を走っており、各局が抱く危機感は格段に高い。今後、国内ラジオ局の取り組みがどこまで通用するかは、日本のテレビ局が戦略を練る上で大いに参考になりそうだ。

ネット同時配信に尻込み

インターネット上の動画配信に及び腰の国内テレビ局を、日本政府が後押しする動きはある。例えば２０２２年１月１日に施行される改正著作権法は、テレビ番組をネットで同時配信する際の手間を大きく減らす効果がある[35]。

従来はテレビ番組をネットで配信する場合、利用した素材それぞれの著作権の所有者に、あらかじめ使用の許諾を得る必要があった。許可をもらえないと素材を差し替えるなどコンテンツを修正する手間が生じ、ネットでの同時配信を阻む原因の一つになっていた[36]。今回の改正著作権法によって、テレビ放送の場合と同様、あらかじめ明確に拒否の意思が示されていなければ、事前に許可が得られなかった場合も素材を利用できるようになる。問題が生じたときは、事後の補償金の支払いで対応する形である。対象とする範囲は同時配信や一定期間の見逃し配信に限られるものの、テレビ局のネット進出を制限する足枷の一つが外れるわけだ。

こうした法整備を受けて、テレビ放送をネットで同時配信するサービスは今後拡大してもおかしくない。既にＮＨＫは２０２０年４月に開始したサービス「ＮＨＫプラス」で番組を同時配信し、パソコンやスマホで視聴可能にしている。民放では日本テレビが２０２０年10〜12月にＴＶｅｒで同時配信を実験するなど、前向きな姿勢もある。それでも、民放各社がどのタイミングで番組の同時配信に踏み切るかははっきりしない。もう一つ大きな足枷があるからだ。

問題は、番組を放映するテレビ局が地域ごとに異なる放送と違い、インターネット配信の場合は基本的に全国どこにいても民放キー局の番組を見られることである。そうなると、キー局の番組を放送しつつ地元の広告を流していた地方局の事業と齟齬を来してしまう。

技術上は、視聴者のいる場所に応じて見られる番組を変えたり、広告を差し替えたりなど、様々な対応が可能である。ただし、実際にどのようなビジネスモデルを採用するかについて関係各社の調整が済まない限り、キー局もなかなか動き出せないようだ。まずは走り出して細部の取り決めは後回しにするという海外流のやり方は、国内の放送業界では恐らく無理だろう。

ちなみにNHKプラスは、2021年時点では地方局の番組は同時配信せず、見逃し配信のみを実施している。

政府は積極的な後押しを

放送内容をネットで同時配信することは米国では当たり前の初歩的な取り組みであり、競争の主軸にすらなっていない。それすらも踏み出せないままでは、日本の放送局がインターネット配信で強者になることは望むべくもない。

地方のテレビ局の再編についても、本来であれば危機的な状況に陥る前に先手を打って進めた方が痛みが少ないはずである。ところが2021年現在、再編を目指す気運は見られない。

再編案自体はこれまでにもあった。複数の地方局を傘下に収める持ち株会社を設立し、経理や人事、総務といったバックオフィス業務や、東京に置いた営業支社などの重複する施設を統合する案が、しばしば俎上に載ってきた。例えば九州にある同じキー局系列の地方局をまとめて「○○○九州ホールディングス」を設立するイメージだ。実際に日本テレビが九州圏の系列局の経営効率向上を狙って資本統合を図ったことがある。ところが、株主の強硬な反対などを受けて、結局はなし崩しになってしまった[28]。

政府にも再編が必要という意識はある。2020年7月の規制改革推進会議の答申には、「ローカル局等の資本提携が可能となったものの、従来のキー局との縦系列だけでなく、所在都道府県の場所にとらわれないローカル局同士の横系列での連携等、(中略)より柔軟な規制の在り方を検討するべき」といった文言がある[37]。ただし、具体策としては、関係者の要望を把握して必要な方策を検討するなどと述べるにとどまった。

国の免許事業である民間放送では、政府が外国資本の比率を規制し、欧米企業の支配から国内企業を守ってきた。ところが気がついてみれば、インターネットの動画配信では外資系のサービスが急速に浸透し、結果として日本企業のコンテンツ配信を請け負う皮肉な結果になりつつある。この現状に対して、総務省やテレビ業界は強い危機感を示しておらず、放送外収入が大きい民放キー局が傾かない限り、大幅な政策の転換は望めない状況である。

日本のテレビ業界やコンテンツ、さらには文化芸術産業全般の将来を考えると、このままでは日本企業は弱体化し、外資企業の影響力が拡大し続けることは必至である。今一度政府が状況を的確に判断し、大胆な政策で業界を導くことを期待したい。

第4章 音楽

音楽の未来は
ストリーミング
ライブやファンは
メタバースへ

世界の音楽市場が活況を呈している。2015年以降成長を続ける音楽ソフト売り上げの勢いは、コロナ禍中の2020年でも止まらなかった。国際レコード産業連盟（IFPI）の調べによれば、CDやDVDといったパッケージメディアと音楽配信を合計した全世界の売上高（演奏権などを除いた金額）は、前年比10%近く拡大し188億ドル（約2兆700億円）に達した[1]【図4-1】。

市場の成長を牽引するの

図4-1 世界と日本の音楽市場

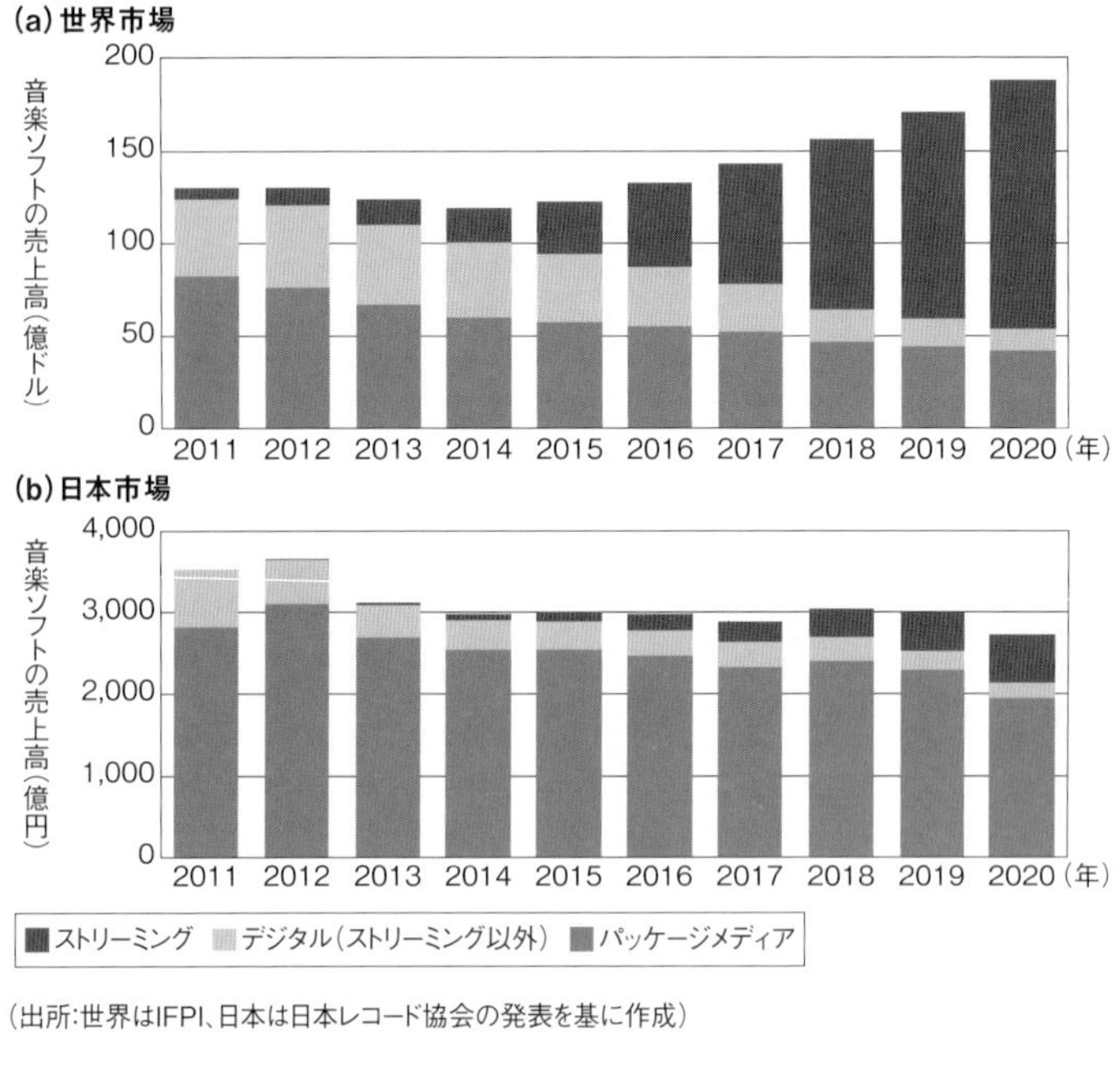

（出所：世界はIFPI、日本は日本レコード協会の発表を基に作成）

がストリーミングサービスだ。パッケージメディアが4・7％減、ストリーミング以外のデジタル配信（ダウンロード型など）が15・7％減と振るわなかったのに対し、ストリーミングは20％近く拡大した。既にストリーミングは世界の音楽ソフトの売上高全体の7割強を占めるまでに成長している。

２０２１年には勢いがさらに増した。世界3大レコード会社の第2四半期の音楽ソフト売上高は、ユニバーサル・ミュージック・グループが前年比29・7％増、ソニー・ミュージックエンタテインメントが同48・2％増、ワーナーミュージックが同33・8％増といずれも絶好調である[2][3][4]。やはり牽引役はストリーミングだ。

サブスクがCD文化にとどめ

ストリーミングサービスの拡大は、世界中で音楽市場を活性化している。ＩＦＰＩによると、２０２０年には北米、欧州、アジア、南米、オーストラリア、アフリカと中東のすべての市場で、音楽ソフトの市場は前年比でプラス成長を遂げた[1]。

ところがこれには例外がある。米国に次いで世界2位の市場規模を誇る日本である。日本レコード協会の調べでは、２０２０年の国内音楽ソフト市場は、９％減の２７２７億円にとどまった[5]。日本の不振の原因は、世界と日本の市場動向を見比べれば一目瞭然である。成長のエンジンであるストリーミングサービスが、日本ではまだまだ小規模であることだ。２０２０年の国内市場全体に占めるストリーミングの割合は約22％で、前年比27％増と大きく成長したものの、全体の7割を超えるパッケージメディアの15％減もの落ち込みを補えなかった。

パッケージメディアの売り上げがこれほど残っているのは世界でも日本だけである。その理由は、握手券や投票券を付けて売るといった日本独自の販売手法、国土が狭くパッケージメディアを売りやすいこと、安売りに歯止めをかける再販制度など様々だった。

こうした旧来のやり方にこだわっていては、ジリ貧になるのは目に見えている。成長を目指すのであればストリーミング中心の体制にすぐにでも移行すべきことは、世界の趨勢からも明らかだ。近い将来、ＣＤやＤＶＤを中心とした日本特有の音楽ビジネスは、ストリーミングサービスの台頭によって息の根を止められるだろう。

あらゆる音楽が手元に

ストリーミングサービスが主流になれば、消費者にとっては朗報である。過去の膨大なカタログも含めて、好きな音楽がいつでもどこでも聴き放題になるからだ。しかも、最大手のスポティファイは、広告付きの無料サービスを提供している。「シャッフル再生のみ」といった制限を受け入れれば、あらゆる楽曲を料金ゼロで楽しめる。有料版でも、スポティファイを含め各社のサービスは基本的に月額料金固定のサブスクリプション型なので、どれだけ聴いても追加料金はかからない。

ストリーミングサービスはいまだ進化の途上にあり、新しい特徴が次々に追加されている。例えばスポティファイは2021年に入ってからも、いくつもの機能やサービスを投入した。2月開催の自社イベントでは、2021年後半に高音質の配信サービスを始める計画や、ポッドキャストにリスナーとの対話機能や動画、有料コンテンツを盛り込むことなどを表明[6][7]。4月にはフェイスブックと提携して、フェイスブックのアプリ中でスポティファイが提供する音楽をシェアできるようにした[8]。翌5月は専用のウェブサイト「spotify.live」を立ち上げ、スポティファイとして初の有料ライブのストリーミング中継を実施[9]。8月にはラジオ番組のようにトークと楽曲を楽しめるコンテンツ「ミュージックアンドトーク」の提供を日本でも始めた[10]。スポティファイを追うシェア2位のアップルも、クラシック音楽専門ストリーミングサービス「プライムフォニック」を買収し、クラシックファン向け機能を強化するなど対抗策を練る[11]。

こうした機能強化は今後も絶え間なく続くだろう。候補はいくつも考えられる。コロナ禍中に広く浸透したライブストリーミングとの連携・統合、コンサート・チケットや関連グッズ（マーチャンダイズ）の販売機能の強化、サービスのカスタマイズやプレミアムプランの提供、さらにはアーティストとファンやファン同士の交流機能の追加や、いわゆる「メタバース」との連携（後述）などもあり得る。極論すれば、ストリーミングサービスの機能強化は、音楽に関わるありとあらゆる欲望を満たす方向に進んでいく。今後の音楽産業の素地は、ストリーミングサービスが形作ることになりそうだ。

なお、一つの方向性としてSVODなどの他のストリーミングサービスとの連携があるが、これはアップルやアマゾン・ドット・コムのサービスが既に実現している。大手サービスで残るのは業界トップのスポティファイくらいで、同社が「GAFA」に対抗するには、やはり独立系のネットフリックスと合併するくらいしか手がないと業界ではみられている。

機能強化が終わらない理由

ストリーミングサービスが機能を拡張し続ける理由は、解約率の引き下げにある。動画のＳＶＯＤサービスと同様、音楽のストリーミングサービスも、常に顧客の解約や他サービスへの乗り換えの危険にさらされている。サービスに長く留まってもらうには、リスナーの満足度を高め続ける工夫が欠かせない。

もう一つの理由は、動画のストリーミングとは異なる事情から生じる。ＳＶＯＤサービスでは独自制作のコンテンツが競争力の源泉であるのに対して、オリジナルの音楽作品がサービスの大きな差別化要因にならないことである。

各サービスが独自コンテンツの強化を図っていないわけではない。ただし、他社にないオリジナル作品として各社が力を入れるのは、基本的にポッドキャストの番組である。音楽作品でも新作を限定配信するような事例はしばしばあるが、時期が来ればどのサービスでも聴けるようになるのが普通で、サービスのシェアを大きく左右することはなさそうだ。

レコード会社との分業は変わらず

発想としては、ストリーミングサービスがアーティストやレコードレーベルを抱えてオリジナル作品を投入する策はあり得る。しかし、３大レコード会社所属のアーティストに対抗するほどのインパクトは、まず持ち得ないだろう。

2016年から2017年にかけて、スポティファイは自社で権利を所有する音源を密かに制作・利用しているという見方が浮上したことがある。制作した楽曲を偽のアーティスト名とともにプレイリストに紛れ込ませ、社外への支払いが発生しないストリーム数を稼いでいるという疑惑をかけられた[12]。

その後、米オンラインメディアのザ・バージの調べによって、偽物に見えるアーティストの多くには背後に実在の音楽家が存在し、相応の権利を有していることが分かった[13]。ザ・バージが指摘するように、この一件が引き起こした騒動の大きさや、レコード会社などとの関係悪化を考えると、スポティファイがあえてそうした手段を取るメリットはあまりないように思える。

2020年には、いずれスポティファイは人工知能（AI）で楽曲を生成し、ミュージシャンを不要にするかもしれないとの憶測も流れた[14]。同年に同社が出願した特許が、盗作の可能性を排除したデータによって、楽曲生成用のAIを学習させる方法に関わるものだったことに由来する。こうした将来は、技術的にはあり得るかもしれないが、レコード会社やファンとの関係を考えると、大きな事業として成り立たせるのは当面は難しそうだ。

楽曲が全世界でヒット

ストリーミングサービスの拡大は、アーティストにとっても朗報といえる。CDやDVDといった物理的なモノの製造・運搬が必要なパッケージメディアと異なり、わずかなコストで楽曲をサービスに登録でき、世界中のファンに届けられるからである。以前ならばデビューがかなわなかったアーティストの予備軍でも世界的なスターになれる可能性が開けたのは、ストリーミングサービスが各国で土壌を整えたおかげである（第1章の「誰でもスーパースター」参照）。

世界的な成功は決して手の届かない夢ではない。日本語の歌詞が分からなくても、思いがけないきっかけで、世界中でヒットする楽曲もある。2020年12月には、もともと1979年に発売された松原みきの楽曲「真夜中のドア～stay with me」が、SNSで話題の曲をランク付けするスポティファイの「グローバルバイラルトップ50」で、18日連続1位を獲得した。インドネシアのユーチューバーのカバー動画や、ティックトックで使える公式音源の提供などがきっかけになったという[15]。2021年10月時点で、全世界で8400万回を超える再生回数を記録している。

ストリーミングサービスは、アーティスト側にも様々なサービスを提供している。アーティスト側の支援に特に積極的なのが、ストリーミングサービスのビジネスモデルを他社に先駆けて開拓してきたスポティファイである。同社は「Spotify for Artists」というウェブサービスで、アーティストの紹介ページの編集、楽曲のストリーミング状況の通知、さらにはスポティファイが提供するプレイリストに自分の曲を提案（ピッチング）する機能などを無償で用意している[16]。

有料の機能もある。広告の掲載や、協業相手のミュージシャンを探す機能などである。後者は、2019年に買収した「音楽業界のリンクトイン」とも呼ばれる専門家の交流サービス「サウンドベター」を通して提供してきた[17]。こうしたサービスを通して、アーティスト側からも収益を得るのがスポティファイの狙いである。

ヒットを左右する巨大な力

スポティファイは、リスナー側とアーティスト側の両方から稼ぐ「両面市場」になると標榜し、アーティスト側の機能も強化し続けている。その一環で2020年11月に発表した「ディスカバリーモード」は業界に論争を巻き起こした[18]。

このモードは、アーティスト側が指定した曲を、スポティファイのアルゴリズムが生成するプレイリストに登場しやすくする代わりに、再生回数に応じて分配する金額の30％を差し引く機能である。かいつまんでいえば、アーティスト側がお金を払えば、それだけ多くの回数、曲が流れるわけである。スポティファイによれば、試験的な運用中に利用したアーティストはリスナー数が40％も増えたという。広告に投じる資金がないアーティストにとっては魅力的なプランといえる。

このディスカバリーモードに対して、3大レコード会社はおおむね反対の姿勢のようだ。理由は、この機能が賄賂の一種とみなせることにある。かつて、ラジオで頻繁に流れることが楽曲のヒットに直結した時代、DJにお金を払って再生回数を増やしてもらう習慣が音楽業界にはびこった。ディスカバリーモードは、現在では違法のこの行為に相当すると疑っているわけだ。そもそも、アーティスト全員がこのモードを利用するようになると効果がなくなり、スポティファイだけが儲《もう》かることになる。米国では、議会の委員会が機能の詳細な説明を求める書簡をスポティファイに送るなど、問題視する動きが広がっている。

こうした騒動が起こる背景には、ストリーミングサービスが楽曲のヒットに及ぼす影響力の大きさがある。米ミネソタ大学などの2017年12月の調査では、当時最もフォロワー数が多かったプレイリスト「Today's Top Hits」に掲載された曲は、再生回数が平均2000万ストリーム増えたという[19]。スポティファイによれば当時の月間アクティブユーザー数が1億5900万ユーザーだったのに対し、2021年6月には3億6500万ユーザーと2倍以上に増えている[20][21]。影響力はさらに高まっているはずだ。

しかもストリーミングサービスは、今や人々が新しい音楽に触れる最大の経路になっている。米国の調査会社ミュージックウォッチの2021年5月の調べでは、米国の消費者の63%は新しい音楽を見つける手段として、音楽やビデオのストリーミングを挙げた。友人の推薦からライブストリームまでを含む35種類の選択肢の中でトップだったという。「最も影響力が大きい」手段を聞いた質問では、30%がストリーミングを挙げ、11%のラジオや9%のSNSを大きく上回った[22]。

過度の競争がコンテンツを歪める

ストリーミングがもたらす課題は他にもある。例えばコンテンツへの影響である。楽曲の再生回数が多くなるようにアーティストが工夫した結果、似たような傾向を持つ曲が増える可能性がある。

実際、米オハイオ州立大学が1986〜2015年のビルボードのトップ10シングルを対象にした研究では、最近になるほどタイトルは短く、テンポは速く、ボーカルが入るまでの時間や曲名が登場するまでの時間は短縮される傾向があったという[23]。ユーザーの記憶により強く残り、短時間でスキップされないようにする努力の結果と解釈できる。

これらの問題の大元にあるのが、アーティストやコンテンツの爆発的な増加である。ストリーミングをはじめとする各種のサービスが市場に参入するハードルを引き下げた結果、「パイは確実に成長しているが、それ以上に速くパイを求めるクリエーターが増えている」と、スポティファイのチーフエコノミストを務めたウィル・ページは英フィナンシャル・タイムズ紙で述べている[24]。

しかもストリーミング時代には、ライバルは同時代のアーティストだけに限らない。アーティストの新作は、過去の膨大なコンテンツのカタログともリスナーを奪い合うことになる。ビルボードのチャートにデータを提供する米ＭＲＣデータの調べでは、２０２１年上半期に米国で聴かれたすべての楽曲（アルバム売り上げ換算）のうち、66・４％が発売から18カ月以上たった過去の作品だった[25]。新作よりも過去の曲が聴かれる傾向は年々強まっており、単純に予測すると２０３０年には全体の76％を旧作が占めることになるという。

ストリーミングは超薄利

激烈な競争の最大の弊害は、アーティスト側に支払われる金額の減少である。ストリーミング市場の順調な拡大にもかかわらず、多くのアーティストがストリーミングからの収入だけでは足りないと嘆く。

例えばスポティファイの場合、毎月10万人のリスナーがいるアーティストは、同社が提供するツールで計算すると全体のうち4万4000番目の順位に相当する[26]。これに対して、2020年の同社の支払額が1万ドル（約110万円）以上のアーティストの数は4万2100人だった。つまり、毎月10万人に聴いてもらっても、年間の支払額は100万円に届くかどうかである。しかも、この額はアーティストに直接支払われるわけではなく、日本音楽著作権協会（JASRAC）などの音楽著作権料徴収団体、音楽出版社、レコード会社などの権利保有者に渡される。そこから契約に応じて関係者に金額が分配されるため、アーティスト自身が受け取る額はさらに少ない。

契約者数で見たスポティファイの市場シェアは、2021年第1四半期で32％とされている[27]。仮にストリーミングサービス全体から得られる額がスポティファイの3倍だったとしても、生活するのに十分な額とはいえない。なお、前述のツールで見積もると、スポティファイで5万ドル以上の支払いを受けるには月に約50万人のリスナー、10万ドル以上では90万～100万リスナー、100万ドル以上になるには1億人を超えるリスナーが必要になる。

ユーザー中心型で救えるか

これに対して、支払い方法を変更するだけでもアーティスト側の状況が大きく変わるとの見方がある。現在のストリーミングサービスは、契約者から集めた総額を、再生回数の比率に応じて分配する方式を取っている。これでは、マイナーなアーティストのファンが支払った料金でも、そのほとんどが自分では聴かない大ヒット曲の権利所有者に流れることになる。いわば、一部の人気アーティストが大儲けする一方で、その他大勢のアーティストが割りを食う方式とみなせるわけだ。

そこで注目を集めるのが、「ユーザー中心型」と呼ばれる方式である。各リスナーの支払った料金は、その人が聴いたアーティストにだけ分配しようというものだ[28]。実際にこの方式を2021年4月から取り入れたとするのが、多くの独立系アーティストが作品発表に使う音声ファイルの共有サービス「サウンドクラウド」である。サウンドクラウドの説明によれば、フォロワーが12万4000人いるアーティストの例では、従来方式で月に120ドルだった支払額が今後は600ドルになるという[29]。

ユーザー中心型に対して3大レコード会社は冷ややかにみているようだ。英国メディアによれば、英国議会に提出された各社の書類には、「総額は変わらないため損をするアーティストもいる」「処理が複雑になるのでコストの一部が権利保有者に課せられるのでは」といったネガティブな意見が並んだ[30]。

実際、ユーザー中心型がファンの少ないアーティストを救うかどうかは、しばらく運用してみなければ分からない。確実なのは、多くのアーティストに十分な金額が回らなければ、長期的に音楽文化の衰退を招きかねないことである。ストリーミングの支払い方式の改善に限らず、アーティストに資金を還元できる方法を、業界を挙げて考える必要がある。

収益源としてのSNS

アーティストの収益源は、時代とともに大きく変わってきた。パッケージメディアが全盛の時代には、CDやDVDの売り上げで十分な利益を確保でき、コンサートは新作のプロモーションという位置付けだった。21世紀に入ると、パッケージメディアの衰退とともに、ストリーミングやSNSでファンの関心を高めてコンサートで稼ぐモデルが台頭した。ライブ興行の市場は順調に成長しており、そのままであればストリーミングからの収入は小さくてもまだ許容できた。

そこへ襲ったのが2020年のコロナ禍である。ライブで稼ぐモデルは文字通り不可能になった。2021年にはワクチン接種が進み状況は改善したが、コロナウイルスの変異株で感染が再拡大するなどイタチごっこが続く。影響が完全に抜け、以前と同じ環境でコンサートが開催可能になるにはしばらく時間がかかりそうだ。

コンサートができなくなった結果、音楽業界ではライブ興行に頼らずに稼ぐ新しい方法がここ1〜2年で急速に台頭した。今では有望な手段がいくつも生まれている。

レコード会社が期待をかけるのは、これまで楽曲やアーティストのプロモーション手段に使ってきたSNSを、収益源としても活用する方法である。ワーナーミュージックグループのCEOであるスティーブ・クーパーは、2020年11月の決算会見で「フェイスブックやティックトック、スナップチャットといったSNSとのパートナーシップから、（年間換算で）9桁に達する収入が得られており、サブスク型ストリーミングより速く成長している」と発言したという[31]。SNSでは、ユーザーが作成した動画に音楽を付けたり、オンラインカラオケを楽しんだりなど、音楽を利用する機会が多い。その対価が、レコード会社の業績に反映されつつあるわけだ。

ワーナーミュージックに限らず、SNSとレコード会社の連携は進んでいる。2020年11月にはソニー・ミュージックがティックトックと提携し、ティックトックの投稿の中で楽曲を利用できるようにした[32]。ユニバーサル・ミュージック・グループは2021年2月にティックトック、同6月にはスナップチャットと同様な契約を結んでいる[33]。

これらの短い動画クリップを投稿するSNSは依然として成長を続けている。米アップアニーの調べによるとティックトックは、米国や英国ではスマートフォンアプリのユーザー1人当たりの平均利用時間でユーチューブを超えたほどである[34]。SNSから流れ込む資金は、レコード会社やアーティストの有力な収益源に育ちそうだ。

アーティストに直接サブスク

アーティストが直接ファンからお金を受け取る手段も増えつつある。従来のクラウドファンディングのようなプロジェクトごとに資金を募る方法だけでなく、一定の月額料金を徴収するサービスも広がってきた。

アーティスト自身がサブスクリプション型のサービスを提供できるようにするウェブ

サービス「パトレオン」には、ベン・フォールズやジェイコブ・コリアーといった、スポティファイに数十万人のフォロワーがいるような中堅アーティストの名前が並ぶ[35]。それぞれが月額10ドル程度のサブスク料金で、ビデオ会議サービス「ズーム（Zoom）」を使ったアーティストとの交流、各種のオリジナルコンテンツ、グッズのディスカウント販売といった特典を提供している。

アマゾン・ドット・コム傘下のストリーミング中継サービス「ツイッチ」の利用も活発だ。コロナ禍の最中に、日頃の練習風景や自宅からのコンサートなどを中継するミュージシャンが増えた。ツイッチの音楽関連の視聴数は、コロナ禍中に前年比550％も伸びたという[36]。

ツイッチでは、やはりサブスクリプション型サービスを提供できる上、広告や投げ銭、マーチャンダイズの販売などによる収入も期待できる。ツイッチの効果の高さを知らしめたのが、スポティファイのチーフエコノミストだったウィル・ページである。同氏がウェブサイトで公開した記事には、ストリーミングではほとんど売り上げが立たず、ツイッチに大きく頼るアーティストの例がいくつも並んだ[37]。

例えばビデオゲーム用音楽の作曲で知られるローラ・シギハラは、ツイッチでストリーミングの10倍以上の収入を得ている。月額平均でストリーミングの700ドルに対してツイッチは8000ドルに及ぶという[36]。また、ツイッチ側の発言によると、年間5万ドルの収入を得るために必要な平均視聴者数はわずか183である[36]。スポティファイでは前述のように1カ月に約50万人のリスナーが必要であることに比べて、驚異的に少ない。

アーティストが直接稼ぐお金によって経済を活性化するという発想は「クリエーターエコノミー」と呼ばれ、米国でにわかに注目を集めている。サブスク型の課金を可能にするツイッターの「スーパーフォロー」など、この考えに基づく機能がSNSの間に広がりつつある[38]。コロナ禍の収束後にどこまで会員数を保てるのか、解約を防ぐためにコンテンツを出し続けられるのかといった課題はあるものの、アーティストにとって心強い手段の一つといえる。

NFTでアーティストに力を

コロナ禍の中でアーティストの関心を急激に集めた手段がもう一つある。ブロックチェーン技術を応用したデジタル資産、NFT（非代替性トークン）である。2021年2月に、エレクトロニック・ミュージックのアーティスト3LAUがNFT化したアルバムに合計1160万ドル（約13億円）もの値がついて、にわかに脚光を浴びた[39]。

NFTは、ビットコインの基礎技術であるブロックチェーンを使うことによって、特定のデジタルデータが唯一の本物であることを裏付けることができる。これによって、デジタルデータであっても数量を絞った限定盤や、世界にただ1つのコンテンツを生み出せる。物理的なレアものやビンテージ品と同等の効果を、デジタルアイテムに与えられるわけだ。アーティストと直接会う権利といった実世界の体験ともひも付けられる上、権利が別人に転売された場合に、その動きを追跡して売り上げの一部がアーティストに還元されるように設定することも可能である。

実際、以前からNFTに取り組んできたミュージシャンかつプロデューサーのRACは、様々な取り組みを通してNFTの価値を実証してきた[40]。100個限定のカセットテープにひも付けたNFTを28ドルで売り出したところ最高1万3000ドル近い値が付き、5曲入りのEPと様々なモノなどをひも付けたNFTは合計70万ドルを超える売り上げを達成した。同氏はNFTを大手レコード会社の管理からアーティストを解放する手段とみて、この分野でアーティストを支援するサービスを提供している。

NFTは必ずしも高値をつけるとは限らず、ビットコインなどの仮想通貨と同様に今後の値上がりを見込んだ投機的な動きがあることも否めない。それでも、アーティストにとって魅力的な手段であることは間違いなく、今後の動きは注目に値する。

大前提はファンのコミュニティー

これらの手段に共通するのは、アーティストとファンやファン同士のコミュニケーションを、音楽を楽しむ前提にしていることである。ティックトックでアーティストとのデュエットの様子をシェアする場合や、ファンの間に特権的なコミュニティーを形成するアーティストのサブスクリプションサービスを提供する場合はもちろん、NFTに高い価値を持たせるためにも、限定品を巡って多くのファンが競い合う必要がある。

ストリーミングが個人の利用を前提に発展してきたのに対して、現在台頭しつつある新しい収益源は、コミュニティーで音楽を楽しむことから生まれる価値を取り込む手段といえるわけだ。その最たるものがコンサートなどのライブ興行である。オンラインかリアルかを問わずライブが大きな価値を持つのも、一緒に楽しむ仲間や、アーティストとじかにつながる感覚があってこそである。

このため、今後の音楽業界で成功していくには、アーティストは一般のライトなリスナーをファンとして取り込み、ファンのコミュニティーを拡大していくことが、今まで以上に重要になる**【図4－2】**。ファンのコミュニティーが大きくなるほど、SNSやサブスクリプションといった新たな収益源からの売り上げも増すためだ。もちろん、ストリーミングサービスやライブ興行、マーチャンダイズやタイアップといった従来の手段からの収入でも、ファン層の拡大は大いにプラスになる。

かつてない大競争の時代にファンのコミュニティーを一夜にして増やす近道はなく、アーティスト側は八方手を尽くすしかない。ストリーミングサービスやSNSを通したプロモーションの積み重ね、そのノウハウを持った企業や大手のレコード会社の支援なども必要になるだろう。最大の武器は、当然ながら、他にはない優れたコンテンツを生み出すことである。

図4-2 ファンのコミュニティーを拡大する

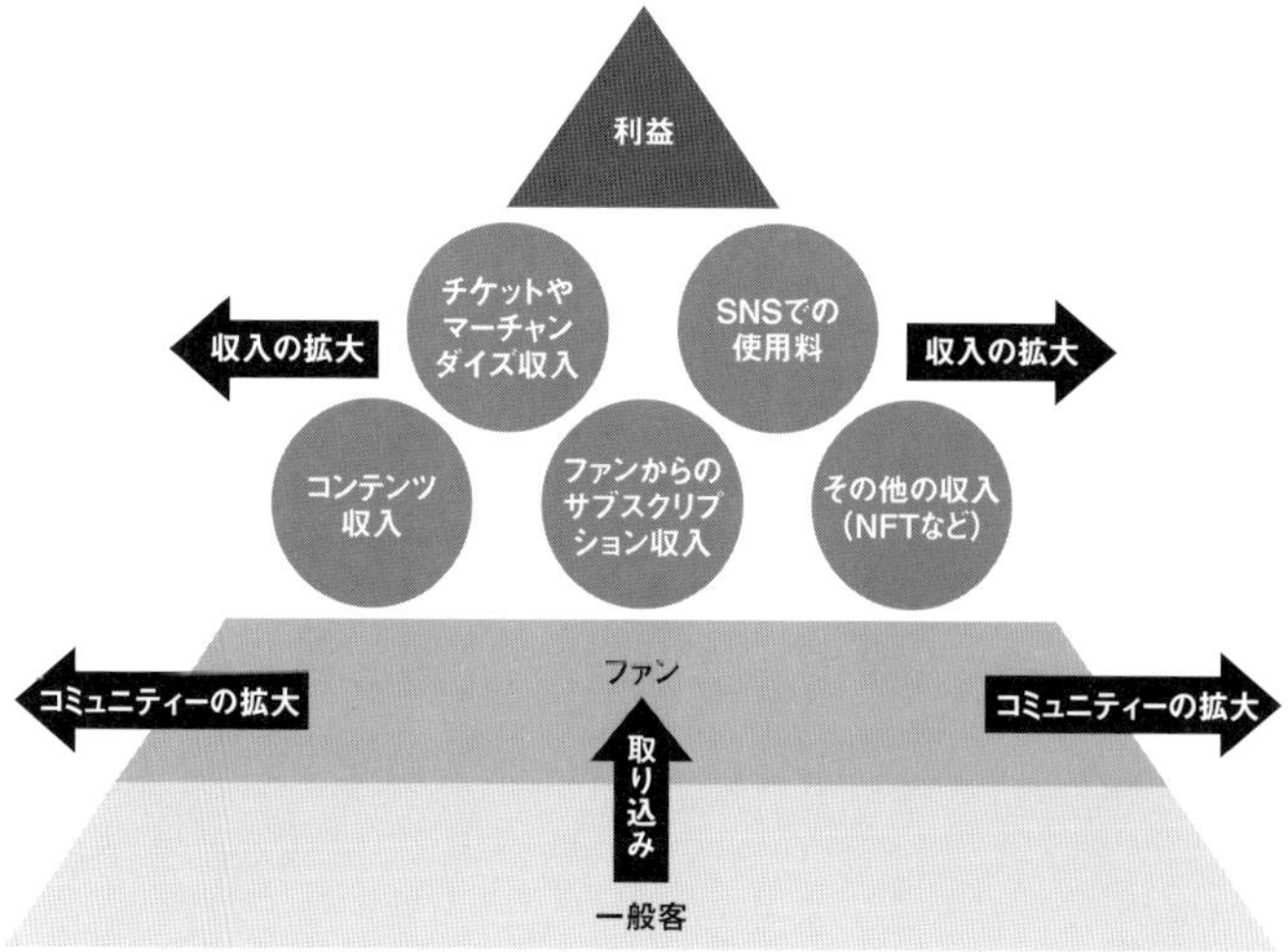

世界中にファンを作ったＢＴＳ

世界規模のファンのコミュニティーを作る上で参考になるのが、Ｋポップのスーパーグループ BTSのファン、通称「ＡＲＭＹ（Adorable Representative M.C. for Youth）」の事例である。韓国語で歌うグループというハンディを背負いながら、今では世界各国に4800万人いるといわれるほど音楽業界でも有数のファンのコミュニティーを打ち立てた[41]。

ＢＴＳの人気は南米チリでも変わらない。コンサートが開かれるアリーナのチケット売り場には1週間前からファンが並び、用意した1万2500人分が2時間で売り切れた。会場に押しかけたファンの歓声は最大127デシベルと、聴覚に危害が及ぶ水準に達した。実はこれは、2017年5月時点での状況である[42]。2020年に米ビルボードのシングルチャートで韓国アーティストとして初の1位を獲得する3年以上も前に、ＢＴＳは世界中でファンを養成していたわけだ。

ラテン系アーティストが絶大な人気を誇り、韓国アイドルがテレビやラジオで露出する機会がほぼない南米で彼らをスターダムに押し上げたのはインターネットの力である。ＢＴＳのネット活用の巧みさは群を抜いており、2017年当時でさえ、ＳＮＳ上のファンの活動などでアーティストを順位付ける米ビルボードの「ソーシャル50」チャートで、22週間1位の座を占めていた。同チャートは2020年12月末に公開が中断されたが、BTSは通算で219週登場し、そのうち最後の週を含む合計210回が首位だった[43]。

アイドルと生活がオーバーラップ

海外のファンを獲得する上で特に効果が高かったのは大量の動画の投入である。BTSは、ミュージックビデオやコンサートのクリップに限らず、舞台裏や日常生活を映した動画シリーズをユーチューブなどであふれるほど公開してきた[41]。

韓国ネイバーが運営するファンとの交流サイト「Vライブ（V LIVE）」の存在も大きかった[42]。このサイトでは、SNSや動画ストリーミングの機能を介して、世界中のファンがBTSと日常的に交流できる。

海外ファンとの交流には、当然言語の壁が立ちはだかる。このハードルを乗り越えたのは、ファン自身の力だった。ARMYには、BTSの記事や発言、歌詞といった膨大なコンテンツを様々な言語へ自発的に翻訳するファンのコミュニティーが存在する[44]。ツイッターで連携する有志やVライブの字幕を作成するグループなど多数の人材が、新たなコンテンツが登場するとあっという間に翻訳してしまう[45][46]。

ちなみに韓国の芸能事務所は、あらかじめ海外展開を想定し、言語能力を重視したキャスティングをするのが普通である。２０００年を境に、アーティストグループに英語、中国語、日本語などが堪能なメンバーを意図的に配するようになった。ＢＴＳでもリーダーのＲＭは英語や日本語がうまく、他のメンバーも英語などで応対できるよう勉強している。

こうした取り組みを通じて、ＢＴＳの日常生活や舞台裏の素顔はファンの暮らしの一部になるほど浸透していった。このように、いわばアイドルとファンの生活をオーバーラップさせる手段は、Ｚ世代（10代〜20代前半）のファン獲得に特に有効とみられる。スマートフォンやＳＮＳの存在が当たり前の同世代は、ｅスポーツ選手など、普段の姿をネットを介して発信する存在に親近感を覚えるとされる（第1章の「ｅスポーツ人気の理由」を参照）。ちなみに米ネバダ大学の調査によれば、ＢＴＳのＡＲＭＹは18歳未満が50％、18〜29歳が43％と、Ｚ世代が大半を占めることが明らかになっている[47]。

自律的に育つファンの力

アーティストにとってのファンのコミュニティーは、熱狂的なファンのコミュニティーは、ある程度の規模になると自らの成長するようになるということだ。SNSなどを通してつながったBTSのARMYたちは、SNSを駆使した独自のキャンペーンやイベントなど、新しいファンの獲得につながる活動を自発的に繰り広げている。いわば、アーティスト本人や事務所の意向とは独立に、自律的に拡大路線を歩んでいるわけだ。

世界中で膨れ上がったファンは、強大な購買力を発揮する。コロナ禍中の2020年6月に開催されたBTSの有料オンラインライブは、世界107カ国から75万6000人を動員し、音楽コンサートのライブストリーミング視聴者数でギネス世界記録を達成[48]。オンラインライブの成功や、関連グッズ（マーチャンダイズ）の販売増で、BTSの所属事務所ビッグヒット・エンターテインメント（現ハイブ）の売り上げは2020年に36％も伸びた[49]。2020年10月に同社が株式を上場した際には、多くのファンが株式を購入した。ファンにとって同社への投資は、BTSとのつながりを感じさせるマーチャンダイズ購入の一環なのである[44]。

BTSほどの規模を達成するのは難しいにしても、同様な性格を持つファンのコミュニティーの育成は多くのアーティストの目標になるだろう。ただし注意が必要なのは、熱狂的なファンには影の側面もあることだ。

2020年、米国ではアーティストの熱狂的なファンが政治活動に関与して世間の耳目を集めた。例えば、ＢＴＳのＡＲＭＹをはじめ多くのアーティストのファン集団が、黒人に対する差別に抗議する「ブラック・ライブズ・マター」運動への協力を呼びかけている[50]。こうしたファンは「スタン」と呼ばれ、時として社会の非難を集めかねない行為に及ぶことがある。例えばあるアーティストのスタンと別のアーティストのスタンの間では、敵とみなしたアーティストの偽アカウントを作ってツイッターで不適切な発言をし続ける、嘘のツイートで相手の感情を逆撫でするといった行為が横行している[50][51]。

もともとスタンという言葉は、熱狂的なファンが破滅するさまを歌ったエミネムの楽曲名に由来し、「熱心すぎる」「強迫的」といったネガティブなニュアンスがある。ツイッター上のつぶやきならばまだ害は少ないが、一歩間違えばもっと過激な行為に訴えかねない。今後のアーティストには、自らのファンが暴走しないように、しっかり手綱を握ることが求められそうだ。

column

Kポップが目指す世界標準プラットフォーム

文字通り世界市場を制したBTSと所属事務所のハイブは、次なる段階への脱皮を狙っている。目標は、ファンから収益を吸い上げる標準的な基盤（プラットフォーム）を作り上げ、自らが「プラットフォーマー」になることのようだ。

構想のひな形は2019年に立ち上げた独自のファン交流サイト「ウィバース」にある。メンバーやファンが画像やコメントを投稿できるSNSの機能に加え、コンテンツやチケット、限定特典の販売やファンクラブの会費の徴収といった役割も兼ね備える。ユーチューブ、インスタグラム、ティックトックといった各種の無料SNSと合わせて盛り上げた人気を、収益に変えて刈り取るプラットフォームといえる。

現に、グッズやチケットの販売などによるウィバース経由の売上高は四半期当たり9000万ドル（約99億円）に達するという[52]。2020年のハイブの年間売上高は6億7600万ドル（約744億円）だった[49]。そこから逆算すると、半分以上がウィバース経由ということになる。

2021年に入って、ハイブは世界中のファンとアーティストが交流するプラットフォームの構築を目指して動き出した。まず同年1月、韓国のIT大手ネイバーから

Vライブ事業を買収してウイバースと統合する方針を発表[53]。統合後のサイトを運営する子会社にはネイバーも出資し、両者の力を結集したサービスになる見込みだ。

ハイブの構想に米国の人気アーティストが加わる可能性もある。同社は同年4月にジャスティン・ビーバーやアリアナ・グランデが所属するメディア企業、米イサカ・ホールディングスの株式を100%取得している[54]。このほか米国では、ファン活動に特化したSNS「fave」を手掛けるスタートアップ企業にも出資しており、米国進出の足掛かりにする可能性がある[55]。

加えてハイブはライブのストリーミング中継サービス「VenewLive」も所有している。ギネス記録を作った2020年6月のBTSのライブに利用した技術を基に立ち上げ、2021年2月にはユニバーサル・ミュージックや韓国の大手芸能事務所YGエンターテインメントが出資した[56]。

ハイブがこうしたパーツをどのように組み合わせて勝負をかけるのかは未知数で、勝算も全く不透明だ。それでも、ファンのコミュニティーは多くのアーティストに共通する収益源であり、今後の成り行きを注視すべき動きといえる。

SNSはメタバースに

コミュニティーを通した音楽の楽しみ方は、SNSの進化に大きな影響を受ける。フェイスブックのCEOであるマーク・ザッカーバーグが主張するように、SNSは3Dグラフィックスが描き出すバーチャルな世界の中で人々がアバターとして交流する、いわゆる「メタバース」に向かいつつある[57]。この動きは、将来の音楽業界の姿をさらに大きく変えそうだ。

メタバースは、単なるSNSやビデオゲームの範疇にとどまらず、仕事からエンタメまで人の生活のあらゆる側面をカバーする世界になる見込みだ。フェイスブックは「オキュラス」ブランドのVR用ヘッドセットを販売したり、2021年8月に仮想空間内で会議ができるサービス「ホライゾン・ワークルーム」を開始したりするなど、メタバースの実現に積極的に取り組んでいる[58]。

ただし、メタバースとして現実世界に変わる単一の仮想世界が現れるわけではない。いずれは様々な用途や好みに応じたいくつもの仮想世界が登場するとみられる。

エンタメ業界に影響力があるベンチャー投資家のマシュー・ボールは、メタバースの特性として次の7つを挙げた[59]。

①「終了」や「リセット」がなく、ずっと続くこと
②実生活と同様に誰もがリアルタイムで経験できること
③ユーザー数に限りがなく一人ひとりが存在感を得られること
④様々な仕事が価値を生み出す経済の体系があること
⑤デジタル空間と物理世界にまたがる経験をもたらすこと
⑥様々なサービスの間でデジタルアイテムの互換性があること
⑦幅広い個人や企業が作ったコンテンツや体験が潤沢にあること

この定義からすれば、メタバースはVRヘッドセットを被って没入する仮想現実の世界に限らない。スマートフォンやパソコンからアクセスする仮想的な世界はもとより、多数の参加者が一堂に会する既存のゲームや、ズームなどのオンライン会議、ツイッチなどリアルタイムな交流ができるSNSをメタバースの一部と見なすこともできる。

将来、人々は画像やテキストベースのサービスから超リアルなVR世界まで、他種多様なメタバースの間を、時と場合、好みや気分に応じて渡り歩くことになるだろう。仕事でいえば、顧客との大事な会議は対面の状況をリアルに再現した空間で顔を突き合わせ、リラックスした仲間内の相談は仮想空間でデフォルメされたアバターを通して談笑するイ

メージである。メタバースのひな形とされるゲームでも、SF的なアドベンチャー空間が広がる「フォートナイト」から緩い雰囲気の「あつまれ どうぶつの森」まで、様々なテイストの世界が既に存在する。

ファンとの交流やNFT売買も

メタバースの中には当然、映像や音楽といったエンターテインメントも組み込まれる。コロナ禍中には、フォートナイトの仮想世界の中で、屋外スクリーンに映された映画監督クリストファー・ノーランの作品をゲームプレーヤーたちが楽しむといった試みがなされた[60]。仮想空間ではあらゆることが可能なので、将来にわたって様々なトライアルが続くだろう。メタバースで実現し得る新たなエンターテインメントの姿には底知れぬ可能性があり、現在は予期できない斬新なサービスが突然現れても不思議はない。

音楽関連でも多彩な使い道がある。アーティストとファンの交流は、仮想世界の中でよりリアルに近づく。アーティスト本人と直接交流するだけでなく、AIがアーティストの分身としてオフィシャルに認められ、何人もの公式アバターがメタバースで同時に活動するといった状況もあり得る。アーティストの偽物が現れる可能性も高いため、アバターが公式かどうかはNFTのような技術で保証されるようになるだろう。

NFTを利用したデジタルアイテムの売買も盛んになりそうだ。米国では、メタバースの中で飾る美術品のNFTを、グループで所有するといった動きが早くも出ている[61]。

音楽の分野でも、アーティストゆかりのプレミアムグッズに加えて、ファンの手による作品や二次創作作品がアーティストの承認を受けて流通するといったことが起こるかもしれない。販売額の一部をアーティストに還流させることも技術的には問題ない。

メタバースで超現実コンサート

中でも表現の幅や収益性で大きな可能性を秘めるのが、仮想空間内でのコンサートである。2021年8月に、アリアナ・グランデはフォートナイトで20分ほどのコンサートを開催。ラッパーのトラヴィス・スコットが2020年4月に打ち立てた1200万人超の視聴者数をしのぐ人気を博したとされる[62]。

仮想空間内でのコンサートは、現実にはあり得ないアーティストの姿を描き出し、ファンの行動の幅も大きく広がる。プレーヤーの2倍ほど大きい姿で現れたアリアナは、きらびやかなコスチュームでしなやかに歌い、シーンが空中に移ると、クリスタルの羽を広げてカラフルなバブルに満たされた仮想空間を自由に飛び回った。プレーヤーは、踊ったり追いかけたりしてアリアナのアバターと戯れることができたという[63]。

こうしたコンサートは、今のところゲームに新規のプレーヤーを誘い込み、既存のプレーヤーをアーティストになびかせるプロモーション活動といえるが、いずれは本格的なライブの開催も可能になるだろう。

ライブストリーミングの一環に

メタバースでは、リアルな世界ではあり得ない超現実の表現が可能なだけでなく、限りなく本物に近い表現もあり得る。ソニーは、若手歌手のマディソン・ビアーが実物と見違えるアバターとして登場するバーチャルコンサートの映像を作成し、２０２１年1月開催の展示会で披露している[64]。

コロナ禍で広がったアーティストのストリーミング中継も、広い意味でのメタバースの先駆けと見なすことができる。新型コロナウイルスの感染拡大からわずか1年ほどの間に、オンラインライブにも様々な形態が登場した。

インスタグラムを使ってアーティストが日常的に発信するＤＪプレーや練習風景から、

特殊効果を織り交ぜたビリー・アイリッシュの「Where Do We Go?」や豪華なゲストを招いたデュア・リパの「Studio 2054」といった有料のオンラインコンサートまで、千差万別のやり方があり得る[65][66]。リアルのライブと組み合わせるアーティストもいる。ツイッチで約23万人のフォロワーを持つ、中堅メタルバンド「トリヴィアム」のボーカル、マシュー・キイチ・フィーフィーは、有料ツアーのステージを舞台裏も含めて無料で中継している[67]。

仮想空間内のコンサートは、表現手段の一つとして、ライブ興行のレパートリーに組み込まれていきそうだ。単独のコンサートとしてだけでなく、他のアーティストとの交流の中で突発的に始まるセッションや、コアなファン限定のシークレットライブ、ＮＦＴの特典付きイベントなど、メタバースならではのやり方も考えられる。

リアルなライブもデジタル化

コミュニティーで楽しむ音楽の頂点に来るのが、リアルな会場でのコンサートやライブである。アーティストや多数のファンと同じ空間と時間を共有する体験はやはり別格だ。デジタルの世界と異なり現実の体験は、ＶＲの技術がどこまで進んでも、そっくりそのまま複製はできない。実世界には映像や音声だけでなく匂いや触感、体勢感覚なども存在する上、その場で直接交流できる人々や、コンサートにおめかしして出かけるといった「ハレ」の感覚をバーチャルで再現するのは難しい。

ただし、オンラインのストリーミング中継に慣れ親しんだファンは、現実のコンサートにも同じような機能を望むようになるだろう。つまり、その場でリアルタイムに進行するショーを、デジタル技術で強化することが求められる。

例えばチャットによるコミュニケーションなど、より親密な対話性が現実のコンサートには欠けている。ファンの意見をリアルタイムで吸い上げて演奏曲目（セットリスト）を変更したり、バックステージの様子を会場にも中継したり、会場のファンのスマホアプリと連携した演出を施すといった手段があり得そうだ。巨大スクリーンやプロジェクションマッピングを使って、リアルなステージを仮想世界と融合させる方向も考えられる。オンラインで視聴するファンと会場のファンを交流させる工夫も必要かもしれない。

全面スクリーンに覆われた「スフィア」

コンサートをデジタル技術で強化するには、そのための設備を備えた会場、いわゆるスマートアリーナやスタジアムが必要になる。欧米では、多くの会場が既にスマート化されている。高密度の無線LANアクセスポイントの整備、高速な基幹通信回線との接続、会場内の道案内や食事のオーダーなどができるアプリの提供といった取り組みは、もはや当たり前である。

コロナ禍の状況下で、アリーナやスタジアムの機能はさらに強化されている。チケット販売で世界最大手の米チケットマスターは、2020年10月に「スマートイベント」と呼ぶ一連の技術群を発表した[68]。非接触でのチケットの購入や入場、チケットの安全な転売、ソーシャルディスタンスを考慮した自動的な座席指定、来場者ごとに入場の時間やゲートを指定して混乱を避ける、入場のペースをモニタリングして問題の発生を事前に回避するといった機能を提供できる。また、チケットマスターの親会社で世界最大の興行会社の米ライブネーションは、ライブのストリーミング中継の機能を、全米60以上の会場に導入する計画を2021年4月に発表している[69]。

米国では、さらに近未来的な会場「MGMスフィア・ラスベガス」が建設中だ[70]。高さ111・6メートル、幅157・3メートルの球体状の建造物で、その内面は面積が約5万3883平方メートルと、東京ドーム(4万6755平方メートル)を上回る超巨大なLEDスクリーンで覆われる。1万7500席の座席はすべてステージと向かい合い、特殊な音響効果で音の振動を体感できるようになるという。2023年に完成する見通しだ。

いまだに紙のチケット

翻って日本のライブ興行の状況はどうか。ぴあ総研の調査によれば2020年の国内のオンラインライブ市場が448億円に達するなど、2019年の音楽コンサート市場の4237億円と比べて小粒ではあるものの、一定の成果は挙げている[71]。それでも海外と比べて立ち遅れている部分が少なくない。ストリーミングの波に乗り遅れた音楽ソフトと同様に、ライブ興行の領域でも古い仕組みがそこかしこに残っている。

端的な例がチケットの販売である。日本では、多くの場合で座席の指定はできず、チケットの転売も基本的に禁じられている。チケット自体の形態も、スマホを利用したチケットレス方式はあるものの、今でもコンビニの店頭で紙のチケットを発券する方式が幅を利かせている。

米国などの事情は大きく異なる。チケット購入時に座席を指定できるのは当然で、そこからのステージの見え方を確認できる場合もある。価格の幅は広く、人気に応じて変動するため、条件が良ければ隣り合わせの席でも値段が変わる。チケットはスマホで受け取るのが普通で、簡単に転売できる仕組みもある。日本では反社会組織の収益となる恐れからチケットの二次流通はいまだ正規のビジネスとして広く容認されていないが、欧米では個人のモバイルＩＤにチケットをひも付け、ＮＦＴと同様に、チケットが転売される度に所有者と仲介業者のみならずアーティストやプロモーターにも利益が還元される仕組みが整っている。

入場の際の本人確認もチケット購入時に撮影した顔写真で済ませることができる。アーティストが認めれば、数十万円するＶＩＰ席を設け、アーティストに会ったり、一緒に写真撮影をしたりする権利も販売される。

こうした海外との差は長年放置されたままで、外国人に日本のチケット販売の特殊事情を説明するウェブサイトがあるほどである[72]。もちろん、状況を改善する動きがないわけではない。コロナ禍の最中の２０２０年11月、日本のチケット販売大手のイープラス、ぴあ、ローソンエンタテインメントの3社はチケット業務の共通基盤を開発すると発表した。コロナ禍後のライブ・エンターテインメントを盛り上げるための先行投資という趣旨である[73]。ただし、開発するシステムの目的はエンドユーザーの利便性を直接高めるというより、イベント主催者の業務の効率化にあるという。

米国ではチケットマスターのような大きなシェアを持つ会社が業界を仕切ることで、先進的なシステムを迅速に導入することができた。これに対して日本の業界では、関係する企業や団体が多く、既得権益も絡むために、改革が遅々として進まない。国内のライブ興行が海外の状況に追いつくまでには、まだまだ時間がかかりそうだ。

海外進出で閉塞感を打破

日本の音楽業界の大きな課題はコンテンツの側にもある。日本のアーティストの人気が基本的には国内止まりで、なかなか海外に進出できないことである。

日本の音楽ソフト市場は前述したように世界2位と規模が大きく、これまでは国内市場だけを見ていれば十分だった。しかし、少子高齢化が着々と進む中で、総人口の減少はもちろん、音楽の主たる消費者である若年層は細る一方である。今から海外進出の算段をしないと、日本の音楽文化は衰退の一途をたどってしまう。

言葉の壁があっても世界で勝負できることは、BTSなど韓国勢が証明した通りである。前述の「真夜中のドア」など、日本のコンテンツが海外で受け入れられる事例も出てきた。足りないのは、日本のアーティストの素晴らしさを、海外のオーディエンスに強烈にアピールする手段である。

ＡＥＧが、２０２1年3月にエイベックス・エンタテインメントと共同事業「ＡＥＧＸ」を立ち上げたのは、このためだ。この事業の創始には筆者も関与した。ＡＥＧは興行ビジネスではライブネーションに匹敵する大手であり、世界中で所有・運営する会場の数では業界一だ。世界最大級の音楽フェスティバル「コーチェラ」も運営している。ＡＥＧＸでは、こうしたインフラを活用して、日本のアーティストを海外のファンにつなげる手助けをする計画である。

column

トーク番組はラジオからポッドキャストへ

音を使ったエンターテインメントは音楽だけではない。これまで主にラジオが届けてきたトーク番組の提供形態も、技術進化によって様変わりしつつある。これからの主役は、インターネットを通してストリーミングやダウンロードで番組を楽しめる「ポッドキャスト」である。

ポッドキャスト自体は古くからあるが、ここ数年で急速に人気が盛り上がってきた。米エジソンリサーチの調べでは、米国で過去1カ月にポッドキャストを聴いたと回答した人の割合は、2019年の32％に対し、2020年に37％、2021年には41％と順調に拡大している[74]。一方で、オンラインオーディオ（ネットラジオとストリーミングの合計）を聴いたとした人は2019年に67％、2020年に68％、2021年も68％と伸び悩みの傾向が見える。コロナ禍を経て、いつでも聴けることはもちろん、「聴き流すだけで情報が得られる」「様々なジャンルの番組がある」といった、音楽と一味違うポッドキャストの魅力に改めて人気が集まった格好だ。

ポッドキャストの成長は当面続く見込みである。米インサイダーインテリジェンスは、2021年に1億1780万人とみられる米国の月間リスナー数は、2025年末までに1億4400万人を超えると予測している[75]。

ポッドキャストもストリーミング

米国では、現状のポッドキャスト配信の主な窓口は音楽ストリーミングサービスである。中でもストリーミング最大手のスポティファイがポッドキャストでもトップシェアで、2位のアップルと僅差で競っている[75]。アマゾン・ドット・コムが2020年12月にポッドキャスト配信大手の米ワンダリーを買収するなど、他社も追い上げに必死だ[76]。ストリーミング各社がポッドキャストに力を注ぐのは、独自コンテンツによるユーザーの獲得や広告収入の増加につながるからである。スポティファイは2020年に人気ポッドキャスターのジョー・ローガンと1億ドル（約110億円）以上の巨額で契約[77]。同氏の番組はスポティファイのみの限定配信に移行し、随一の人気番組としてスポティファイのポッドキャスト配信を牽引している。コンテンツとしてのポッドキャストにはレコード会社も注目しており、2021年6月にはソニー・ミュージックエンタテインメントが、ポッドキャスト番組制作を手掛ける英サムシンエルスの買収を発表した[78]。

ポッドキャストの配信は広告収入の増加にも寄与する。スポティファイでは、それぞれのポッドキャストの提供者は自身の判断で広告を挿入でき、その売り上げはスポティファイにも還元される。ポッドキャストの人気拡大で、スポティファイのポッドキャスト広告の売上高は、2021年第2四半期に前年比627%増と激増した[79]。

ポッドキャストのリスナーは、12~34歳の若年層が約50%いるとされており[74]、広告主にとって魅力的な市場である。実際、米国のポッドキャスト広告の市場は2021年は前年比60%増の13億4790万ドル（約1480億円）に成長し、2023年には21億8870万ドル（約2410億円）まで広がる見込みだ[80]。

ストリーミングサービスは、ポッドキャストから別口で稼ぐこともできる。2021年4月に、アップルとスポティファイはそれぞれ、ポッドキャストの提供者がリスナーに対してサブスクリプション型の課金をできるようにする仕組みを発表した[81]。両社とも、サブスクリプション料金の一部を手数料として徴収する。スポティファイは5%（2023年から）、アップルは1年目は30%、2年目以降は15%を受け取り、さらなる収益源にしていく計画だ[82]。

日本でも同様の状況に

こうした動きは早晩日本にも上陸するだろう。スポティファイやアップルは日本国内でも同様のサービスを展開している上、日本のリスナーもポッドキャストに親しみ始めている。オトナルと朝日新聞の2020年12月の調べによると、1カ月に1回以上ポッドキャストを聴くユーザーは人口の14・2%で、1123万7000人に相当するという[83]。米国と比べて比率はまだ小さいが、リスナーの半数近くが過去1年以内に聴き始めたといい、今後の拡大に期待が持てそうだ。また、リスナーの50・8%が20～30代と、日本でもやはり若い層が多い。

こうしたリスナーを見込んだ広告やサブスクリプションの市場が日本でも広がるのは必至である。既に国内では、スポティファイやアップル以外にも様々な音声コンテンツの配信サービスが広がっている。エフエム東京の「オーディー」といったラジオ局の取り組みをはじめ（第3章の「音声もやはりネット配信に」を参照）、「スタンドエフエム」「ボイシー」など群雄割拠の状態だ[84]。中には、スポティファイにコンテンツを提供するといった協力体制をとる事業者もある。

音声コンテンツの市場が拡大するに連れて、日本でもサービスの淘汰が始まるだろう。世界的な音楽ストリーミングサービス大手の力を押し返すのは難しく、それらと共存できる枠組みを打ち出せるかどうかが、生き残りの鍵になるとみられる。

第5章 スポーツ

NFTにファントークン暗号資産はプロスポーツを救うか

2021年夏の東京オリンピックは、スポーツの歴史に残る大会になった。何よりも大きかったのが、ほとんどの会場で観客が不在だったことである。おそらく二度とないであろう特異な状況での開催は、スポーツ興行におけるファンの存在の大きさを強烈に印象づけた。チケット収入が泡と消えただけでなく、空席ばかりの会場で繰り広げられる熱戦の異様さは、観客の存在がスポーツに不可欠の要素であることの動かぬ証拠だった。米国でテレビ中継の視聴率が大幅に落ち込み、試合で本来の力を発揮できずに敗退したアスリートがいたことにも、ファンの不在が少なからず影響したはずである。

無観客の憂き目にあったのは、オリンピックだけではない。新型コロナウイルス感染症の世界的な流行（パンデミック）はスポーツ興行の世界をかつてない危機に陥れた。2020年前半に世界各国のプロリーグは中止や無観客開催に追い込まれ、2021年に入って環境は好転したものの、以前の活況が戻ってきたとは到底いえない状態である。

ただし逆境は、そこから抜け出そうとする創意工夫を育む。欧米を中心に将来につながる新しい動きがいくつも出てきている。コロナ禍中に利用が広がった情報技術（IT）や通信サービスを最大限に活用して、ファンを維持・獲得し、さらに拡大する試みだ。

現代のスポーツビジネスは、チケット収入に加えてメディア放映権料、スポンサー収入、グッズ販売（マーチャンダイジング）といった多角的な収入源に支えられている。これらのすべてが、いかに多くのファンを獲得できるかに左右される。音楽業界と同様に、チームや選手、スポーツ自体のファンのコミュニティーを拡大することが、今後の業界の生命線である（第4章の「大前提はファンのコミュニティー」参照）。

競合するスポーツ競技が次々に登場していることも、コンテンツが急増する音楽業界と類似している。東京オリンピックでスケートボードやサーフィン、スポーツクライミングといった「アーバンスポーツ」が採用され、eスポーツに若者の人気が集まるのは、その一端だ。新旧いずれの競技も、競技間の競争を生き延びるためには、やはりファン層の維持・拡大が必須である。スポーツビジネスの未来は、大衆の気を引き、ファンを夢中にさせる手段の進化を中心に展開していくだろう。

若手ファンの流出に歯止め

スポーツ業界を突き動かすのは現状の苦境だけに限らない。コロナ禍の始まる前から、既存のプロスポーツのファン層はジリジリと減りつつあった。スポーツ先進国の米国でも、プロアメリカンフットボールリーグのNFLで最高の試合「スーパーボウル」のテレビ視聴率は下がり続け、ストリーミングなどの新たな配信手段でも補えていない[1]。野球のメジャーリーグ（MLB）は観客数の漸減に見舞われている［2］。日本ではさらに顕著で、三菱UFJリサーチ&コンサルティングとマクロミルの調べによれば、野球、サッカーの2大人気スポーツのファン数は10年以上の間、ずるずると減り続けている［3］［4］**【図5－1】**。

この大きな原因は、若い世代のスポーツ離れである。米国ではいわゆるZ世代の関心の薄さが、スポーツ業界の大きな課題になっている（第1章の「飽きやすい相手を虜にする」参照）。日本でも傾向は同じで、「プロ野球中継のメイン視聴者層は75歳以上」とも揶揄されるほどである［5］。コロナ禍の最中には強力なライバルも登場した。自粛生活が続く中

図5-1 日本のプロスポーツのファン人口

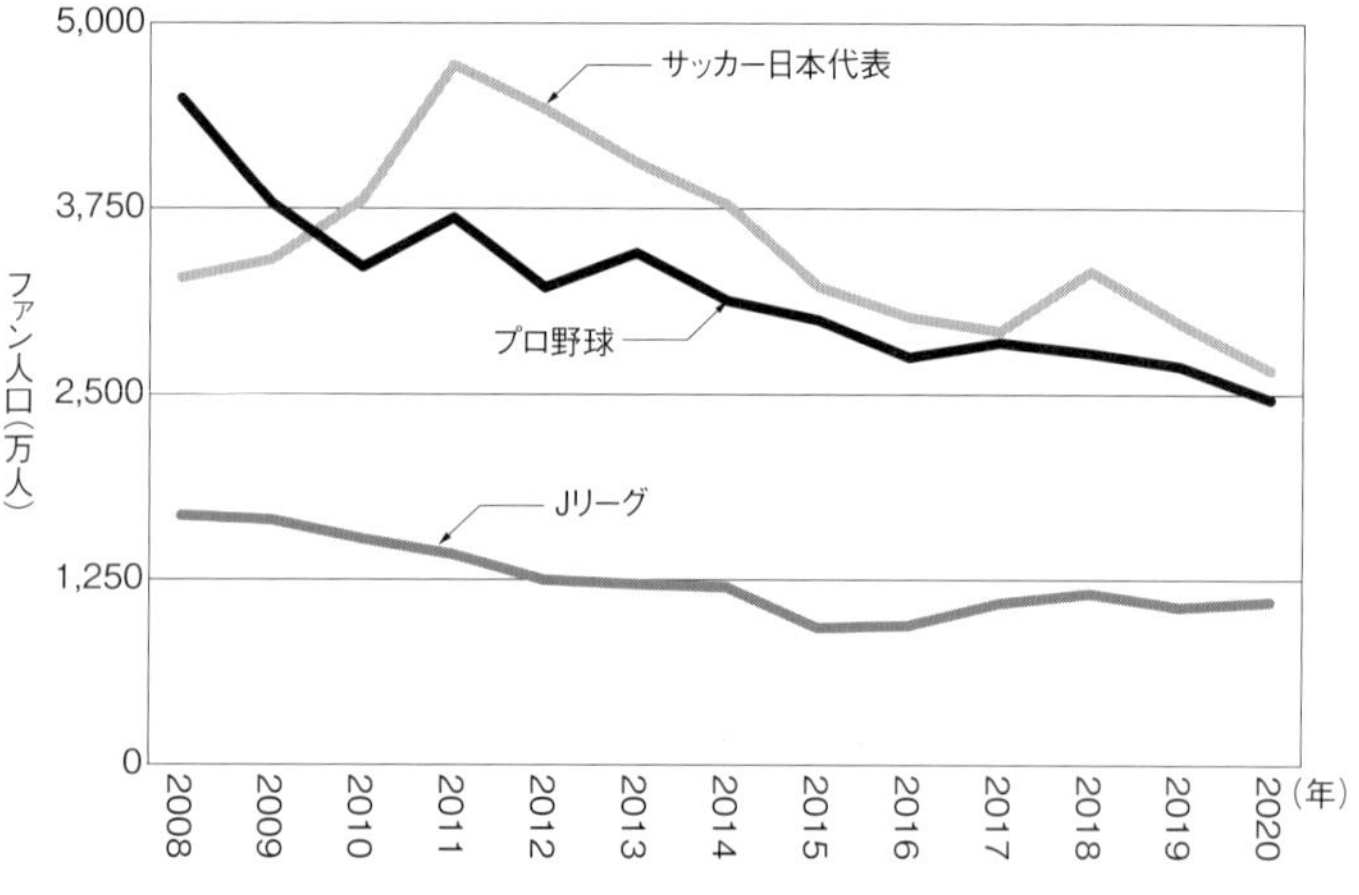

（出所：三菱UFJリサーチ&コンサルティングとマクロミルのデータを基に作成）

で、多くの人々がＳＶＯＤなどメディア・エンターテインメントの消費を増やした。中でも若年層を中心に大きく利用が伸びたのがゲームである（第1章の「Ｚ世代で嗜好が豹変」参照）。

この状況を変えるためにスポーツ界が期待するのが、ＩＴを利用した各種の機能やサービスである。ファン層の開拓にＩＴを利用することは、スマホやゲームになじんだＺ世代にアプローチしやすいだけでなく、幅広い消費者にリーチできる上、ｅスポーツなどを活用して現実のスポーツではあり得ないサービスも可能になる。

コロナ禍を背景に欧米で急速に広がりつつあるのが、暗号通貨の活用である。ＮＦＴ（非代替性トークン）を使ったコンテンツの販売や、ファンの囲い込みと資金調達が同時に可能な「ファントークン」の発行に取り組むチームが増えている。

ＳＮＳを通した情報発信やストリーミングによる試合中継も進化を続けていく。Ｚ世代に親和性の高いインタラクティブかつコミュニティーベースのメディアの確立が目標である。ゲーム市場の興隆とともに台頭するｅスポーツや、その先に広がるいわゆる「メタバース」も、スポーツ産業と深く関わっていく。これらは仮想的な環境の中で、現実世界では実現が難しいスポーツの楽しさを広げる可能性が高い【図5－2】。

超絶プレーをNFTで売買

コロナ禍で売り上げが激減した米国のプロスポーツリーグが編み出した資金確保の手段がNFTの活用である。NFTを用いたコンテンツの販売事業が、北米のプロリーグでにわかに広がっている［6］。2021年9月末には、他のリーグや選手に後れていたNFLがいよいよ販売に乗り出すことを決めた［7］。

NFTを使ったコンテンツの販売は、ファンのロイヤル

図5-2 ITでファンのコミュニティーを形成

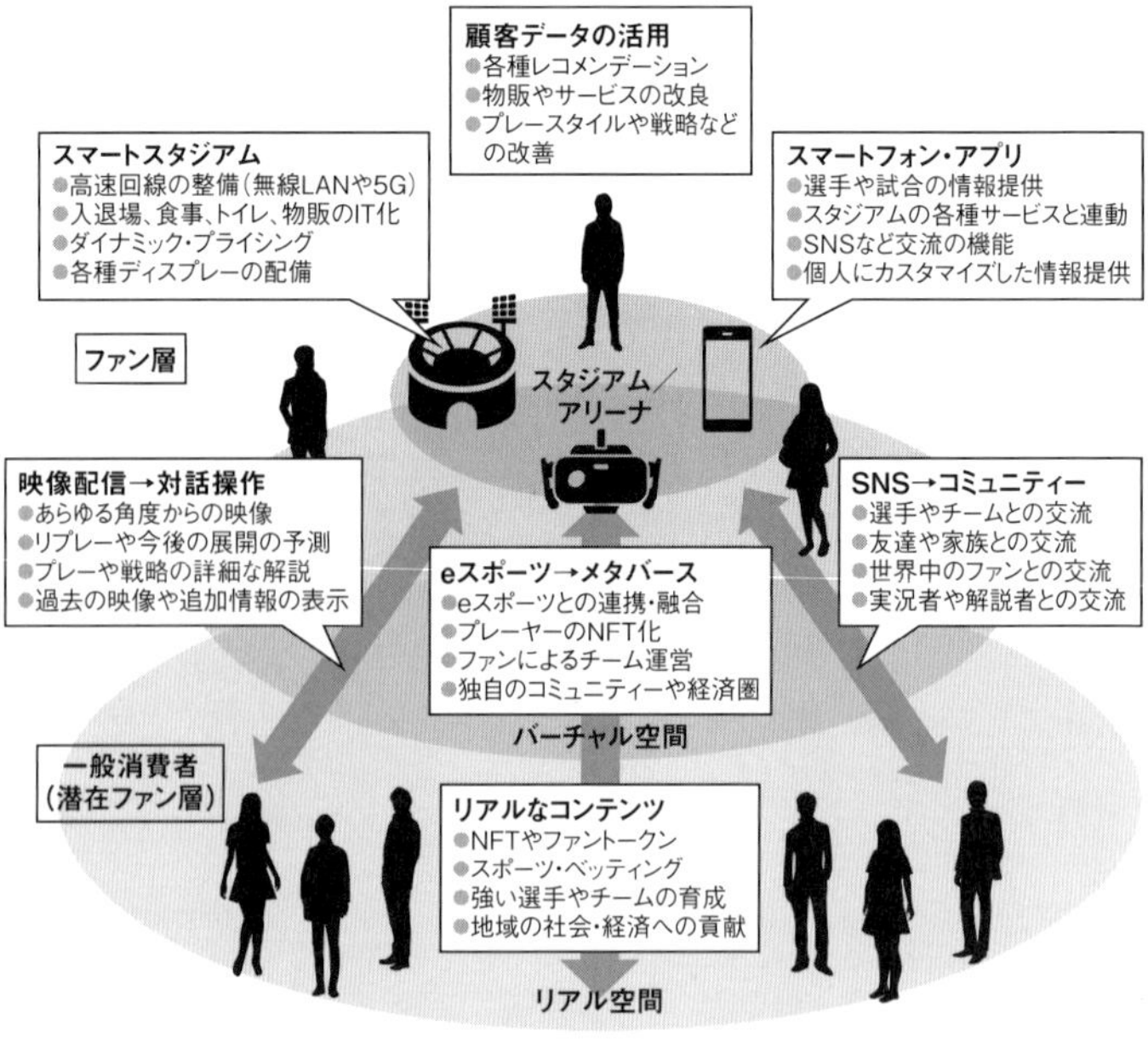

ティー（愛着感）やエンゲージメント（思い入れ）をかき立てながら、チームの資金調達を図れる一挙両得の手段といえる。ブロックチェーン技術を応用してコンテンツの唯一性を保証できるため、ビデオクリップなどのデジタルデータを、あたかもレアなアイテムであるかのように販売できる（第4章の「NFTでアーティストに力を」参照）。購入したファンは、好きな選手の超絶プレーをコレクションできる上、人気の高いコンテンツは市場で高値がつくので、売買して稼ぐことも可能だ。要は昔からあるトレーディングカードのデジタル版である。

先行したのは新技術の活用に意欲的な米プロバスケットボールリーグ（NBA）だ。2020年10月にNFTコンテンツの購入や売買ができるウェブ上のマーケットプレース「NBAトップショット」を開始した。NBAのファンは、ランダムに選ばれた複数のクリップが入った「パック」をクレジットカードや仮想通貨で購入できるほか（スターター向けパックは9ドル）、所有するビデオクリップをファンの間で売買できる。リーグと開発企業のカナダ・ダッパーラボは、パックの売り上げに加えて、所有者間の売買からも金額の5％を受け取る[8]。売り上げの一部はクリップに登場する選手にもわたる。

NFTがスポーツ界を席巻

NBAトップショットは2021年5月までの売上高が5億8900万ドル（約648億円）に達し、スター選手レブロン・ジェームズの「リバース・ウインドミル・ダンク」のクリップは21万ドル（約2300万円）で取引されるなど、目覚ましい成功を収めた[8]。これを追って、米国のプロスポーツ界ではNFTの活用が一気に加速。MLB選手のトレーディングカードを販売してきた米トップスは2021年4月にカードのNFT版を投入し、多くのプロスポーツ選手も個人の立場で市場に参入した[6][9]。

2021年8月にはアメフト界切ってのスーパースター、トム・ブレイディがNFTを扱う企業を立ち上げ、自ら販売に乗り出す。ブレイディの会社は大坂なおみとの契約も取り付けた[10]。同年9月になると、世界の180ものサッカークラブと提携するフランスのソレアが往年の名選手のNFTトレーディングカードの発行を決め、楽天の三木谷社長などが設立した投資企業コスモスが取り扱うことを発表[11]。日本のプロスポーツ界でも、プロ野球のパシフィックリーグがNFTコンテンツを扱うプラットフォームを運営するといった取り組みが始まっている[12]。

NFTを使ったコンテンツ販売の今後がどうなるかは、あらゆる暗号資産の動向と同様に予測し難い。NBAトップショットは早くも息切れしているという指摘もある。実際、暗号資産の価格動向を追跡するクリプトスラムのデータによれば、2021年9月の売上高は2000万ドル強とみられ、シーズンオフの時期とはいえ、同年2月の2億2400万ドルと比べるとかなり見劣りする[8][13]。NFTの活用が今後も拡大してプロリーグを支える柱になるのか、あるいは一過性のブームに終わるのかを知るには、これからの動向を注視するしかない。

「ファントークン」が急拡大

コロナ禍の最中に急激に台頭してきたもう一つの資金調達手段が「ファントークン」である。欧州サッカーの有名クラブなどを皮切りに2020年から採用が進んだ[14]。チームが主体となって発行する暗号通貨の一種で、購入したファンはチームからの特典を受けられるほか、ビットコインなどと同様に市場で取引することができる。

こちらもNFTと同様、チームの資金確保とファンサービスを両立できる上、トークンが値上がりすれば、ファンもチームも儲かる可能性がある。1単位当たりの価格は3ドル（約330円）程度と手頃であり、ファンの中でも、何でもネットで済ませる若いファンを特に狙った手段とみられている。英デイリー・テレグラフ紙によれば、ファントークンを発行したチームは２０２１年８月までに２億ドル（約２２０億円）を超える資金を調達したとされる[15]。

ファンをリスキーな投資に巻き込むと批判する声はあるものの、採用するチームは後を絶たない。２０２１年10月時点で、ＦＣバルセロナ、マンチェスター・シティ、パリ・サンジェルマン（ＰＳＧ）といった強豪をはじめ、サッカーでは30以上のクラブが発行している。ＰＳＧは、新たに獲得したスーパースターのリオネル・メッシに支払う額の一部をファントークンにしたほどである[16]。他にも総合格闘技のＵＦＣや、ｅスポーツ、モータースポーツの複数チームもファントークンの発行主体に名を連ねている。ちなみに、ファントークンを売買できるスマートフォンアプリ「Socios.com（ソシオスドットコム）」には、20以上のＮＢＡチームの名前も挙がっているものの、今のところトークンは発行していない[17]。

このトークンの背後にいるのはマルタ島に本社のあるチリーズという企業である[18]。どのクラブのトークンも同社独自の仮想通貨で支払う必要があるなど閉鎖的な面がある上、暗号資産関連企業は持続可能性に疑問符が付くと指摘する声もある[19]。なお日本でも、Ｊリーグの湘南ベルマーレなど20以上の球団が同様なトークンを発行しているが、こちらは日本企業のフィナンシェの技術を使っている[20]。

暗号資産の未来は国家次第

暗号資産とプロスポーツ界のつながりはほかにもある。例えば、暗号資産取引所の米FTXはMLBのスポンサーになり、NBAチームのホームアリーナやeスポーツ組織の名称のネーミングライツ（命名権）を高額で獲得した[21]。先述のソシオスドットコムはサッカークラブのインテル・ミラノのスポンサーであり、モータースポーツのF1はやはり暗号資産取引所のクリプトドットコムとスポンサー契約を結んだ[19]。暗号資産とプロスポーツの結びつきは強まる一方に見える。

一連の動きの背景には、コロナ禍で満足に試合ができずに業績が低迷したプロスポーツにとって、同時期に値上がりを果たした暗号資産が渡りに船だったことがある。ただし、再三指摘したように暗号資産の今後の道筋は見えにくい。国の規制強化などをきっかけに、取り巻く環境が一夜にして激変することもあり得る。2019年にフェイスブックが独自の仮想通貨「リブラ」を提案したときには、各国の金融当局から懸念の声が上がり、同社は計画の見直しを余儀なくされた[22]。

ここにきて、国家が発行するもの以外の仮想通貨に対する懸念が、世界中で高まりつつある。独自の金融資産が幅広い範囲で流通してしまうと、国家の規制や管理が及ばない経済圏を生み出す危険があるからである。現に2021年9月には中国人民銀行が、決済や取引情報の提供など暗号資産や仮想通貨に関連するサービスを全面的に禁止すると発表した[23]。なお、同国は同年8月には未成年者のゲームの利用を週3時間に制限するなど[24]、2021年後半に入ってIT関連のサービスを締め付ける姿勢を強めている。

愛着感をお金で強化

もっとも、個別の暗号資産の成否とは別に、ファンの愛着感や忠誠心をお金に結びつけるやり方は、若い世代を含めて幅広いファンを獲得するために極めて有効なことは確かである。NFTもファントークンも、本質的にはチームや選手への愛着感を直接お金に換えて払ってもらう手段といえる。チームのためにそれなりの金額を使ったという事実や、チームや選手が強くなれば手持ちの資産が値上がりするという期待が、愛着感をより膨らませる。愛着が強くなれば、さらに資金を投じたくなるという理屈である。

スポーツファンの心理をお金と結びつける手段はこれまでにもあった。伝統的な方法が、試合の勝敗に賭けるスポーツベッティングだ。2021年に入って、米国ではスポーツベッティングに対する期待がかつてないほど高まっている[25]。2018年に米最高裁判所が、全米各州はそれぞれの判断でスポーツベッティングの実施が可能と認め、2020年のコロナ禍でオンラインベッティングの人気が爆発し、2021年秋に始まったNFLのリーグは、試合中のブックメーカー（合法ノミ屋）の広告を初めて認めた。これらの要素が相まって米国のスポーツベッティング市場は順調に拡大している。オンラインベッティングの米国市場は、2021年の年間95億ドル（約1兆500億円）から、2025年までに370億ドル（約4兆700億円）へ急増するとの予測もある[26]。

米国にはスポーツベッティング以外にも「ファンタジースポーツ」と呼ばれる賭け事の一種もある。ファンタジースポーツのプレーヤーは、実在のプロスポーツ選手を集めた夢のチームの構成を考え、現実のゲームにおける選手の活躍で決まる夢のチームの成績で競う。調査会社ユーガブの2021年1月の調べによれば、米国では21歳以上の成人の15%が過去12カ月の間にファンタジースポーツをプレーしたという[27]。中でもNFLのファンはプレーした人の比率が17%と、NBAの11%やMLBの8%よりも顕著に高かった。

スポーツベッティングやファンタジースポーツの浸透は、米国のプロリーグ人気には、賭け事が支える側面があることを示している。いずれも日本では採用のハードルは高いが、ファンの愛着感をかき立てる手段であることは間違いない。日本のプロスポーツを盛り立てていくには、どこかの時点で同様の手段を検討する必要があろう。

ライブ中継もストリーミングへ

若年層のファンを育成する上では、インターネット経由の積極的な情報発信も大きな武器である。コロナ禍を経た今、スポーツリーグや各チーム、アスリート個人が動画や写真を使ってSNSで連日情報を発信するのは、もはや当たり前になった。選手の日常生活や練習風景、試合のハイライト動画に超絶プレーのショートクリップなど、スポーツに関するコンテンツはユーチューブやティックトックから、インスタグラムやツイッターまで各種のSNSにあふれている。新しいファンの獲得につなげるには、もはやいかにバズるか、どうやって目を引くかに競争の軸が移っている。

プロスポーツ界の次なる焦点は、飽きやすい若い世代にいかにして長時間の試合自体を見てもらうかである。そのための武器は、Z世代により身近なメディアであるストリーミングによるライブ中継だ。

米国では、スポーツ中継の主力がいよいよストリーミングに切り替わる。米アマゾン・

ドット・コムは同社のSVOD「プライム・ビデオ」で、米国で絶大な人気を誇るNFLの試合「サーズデーナイトフットボール」を2022年に開始するシーズンから独占配信する[28]。これまでもアマゾンはNFLの試合をネット配信してきたが、同時にFOXが全米に向けてテレビで放送していた。今回はアマゾンが放映権を独占し、プライム・ビデオ以外では両チームの地元のテレビ局だけでしか見られなくなる[29]。

なお、サーズデーナイトフットボールには歴史的な背景があるので、説明しておきたい。本来、NFLの公式戦は毎週、日曜日の午後に行われ、国内時差を利用して試合開始時間を調整することで、複数の試合の生中継が複数の地上波テレビネットワークとスポーツ専門のケーブルテレビ、衛星配信サービスによって放送されてきた。放映権のさらなる増収増益を目論んだNFLは、日曜日以外の平日の夜にも、チームの試合スケジュールを調整し、1試合だけを開催。その中継権を（3大ネットワークの中でCBS、NBCの後塵を拝し、唯一、NFL放映権を所持していなかったABCに）販売することで、新たな収入源と人気の拡大を達成した。その後も、新たにタイムワーナー傘下のターナー放送系ケーブル衛星チャンネルに木曜日の試合中継権を販売するなど、積極的にテレビスポーツの覇権獲得戦略を展開してきた経緯がある。

2023年以降になると、サーズデーナイトフットボール以外のNFLの試合もストリーミングで視聴可能になる見込みである。放映権を確保した大手テレビ各局は系列のSVODで配信する権利も同時に取得した。NBCユニバーサルの「ピーコック」、バイアコムCBSの「パラマウントプラス」、ディズニー系の「ESPNプラス」などがNFLの試合を提供する予定である[29]。

NFLの試合はコロナ禍中の2020年でさえ、全米のテレビ番組視聴率トップ10のうち7つ、トップ100のうち28を占めたキラーコンテンツである[30]。リアルタイムで見ることが意味を持つスポーツならではの特性が、テレビ放送とマッチしていた。それでもネットでの独占配信に漕ぎつけることができた一因はアマゾンが1年間で10億ドル（約1100億円）に達するとされる巨額の放映権料を支払ったことにある。ただし、テレビとSVOD双方に展開する各局はさらに高額の権利料を払っている。ESPNに至っては年平均27億ドル（3000億円弱）とされるほどだ[29]。放送局側はもちろんNFL側にとっても、若年層にアピールするためにはストリーミングに力を入れざるを得ない。

生放送でもインタラクティブ

これまではストリーミング配信でも、スポーツ中継の内容はテレビ放送と大差ないとされてきた[31]。この状況は次第に変わっていくはずである。テレビ放送と同様な番組をネットで流しても、Z世代には大して響かないためだ。オリンピックの金メダリストで国際オリンピック委員会（IOC）委員も務める米スポーツ・イノベーション・ラボCEOのアンジェラ・ルッジェーロは、若年層にアピールできる配信形態として、ソファにもたれて受け身で見てもらう代わりに、ファンの行動を促し、主体感をもたせるようなメディアを目指すべきだと主張する[32]。

実際、ストリーミングであれば、視聴者の操作に応じて表示内容を変えられる双方向性を生かして、放送ではあり得ない水準の対話的（インタラクティブ）な視聴体験を届けることができる。例えばテレビ放送では、生中継の場合も、複数のカメラからの映像など様々な素材の中から放送局側が選んだものが視聴者に送られる。これに対してストリーミングであれば、素材の選択をユーザー側に任せることが可能になる。

一つの試合を表現する素材は、日進月歩の映像技術の進化によって急速に増えている。2021年の東京オリンピックでは、いくつもの新技術が取り入れられた。複数のカメラ映像をつなぎ合わせて360度あらゆる角度から見られるリプレー動画、画像認識を使ったアスリートの位置や速度のリアルタイム検出、アーチェリー選手の心拍の検出・表示や、3Dグラフィックスと AR技術を使ったスポーツクライミングのコース紹介などだ[33]。

オリンピック放送機構（ＯＢＳ）がこうした素材を提供してテレビ放送各局が利用した形だが、こうした素材を直接視聴者に送り、自ら選んでもらうことができそうだ。

1人称映像やプレーの予測も

試合をより深く楽しむための素材は、今後もどんどん増えていく。例えば、試合会場の様々な場所にいる観客が撮った映像を、リアルタイムにシェアすることは技術的には可能とみられる。試合の最中に映像を提供してくれる観客を募り、アドホックなネットワークで配信事業者に映像を集めることで実現できそうだ。現在でも、テレビのニュース番組などでは視聴者が撮影した素材を利用することは多く、その延長線上でこうした使い方が現れるかもしれない。

需要が高そうなのは、選手自身から見た1人称の映像である。「ＧｏＰｒｏ」などのアクションカメラの普及で、インターネット上には、スキーやサーフィンをあたかも自分でしているかのような映像がいくつも存在する。現状のカメラはプロが試合で使うにはさすがに大きすぎるが、カメラの小型化や映像の合成技術の進歩で、試合を選手の視点で楽しめるようになる可能性はある。

映像のリプレーとは逆に、シーンの「先送り」も可能になるかもしれない。AIが選手の行動を予測して表示するわけである。「アルファ碁」で有名な英国のAI企業のディープマインドは、サッカー選手のタイプに応じて、ペナルティーキックで狙う確率が高いゴールの位置をヒートマップ風に表示する技術を開発した[34]。同社は、特定の場面で選手がどう動くべきだったかを分析して後から可視化する技術も検討している。どちらもクラブの戦略構築の支援を目指した技術だが、ファンの楽しみを増やすためにも活用できそうだ。

鍵はファンのコミュニティー

Z世代にスポーツ中継を届ける上で欠かせないもう一つの要素が、コミュニティーの機能である。参考になるのは、ビデオゲームのプレー中継で若年層の人気を集める「ツイッチ」の取り組みだ。ツイッチの顕著な特徴は、他のストリーミングサービスやSNSと比べて視聴時間が際立って長いことである。英ミディアリサーチの調査によれば、1人・1週間当たりでユーチューブは5・7時間、ティックトックは1・9時間、スポティファイは6・4時間だったのに対して、ツイッチの視聴時間は15・8時間と他の2倍以上だった[35]。ツイッチの主なコンテンツはビデオゲームのプレー中継であり、ゲームであれば若者も長時間没頭することは少なくない。さらにゲームは得てして強い刺激が継続し、自らプレーするなどZ世代が慣れ親しんでいることも、視聴を長引かせる要因だろう。それでもツイッチでは自分がプレーするわけではなく、配信される内容はスポーツと同様に基本的には他者の対戦である。そこには、既存のスポーツの試合に若年層の興味を引き寄せるヒントが隠れているはずだ。

中でも大きい要素が、ツイッチはコミュニティーの形成を志向したサービスであることだ。ツイッチは、配信者（ストリーマー）とファンをつなぐ一種のコミュニティーとして成立している。

ツイッチには、ストリーマーとファンが交流する機能が豊富に用意されている。ストリーミング中に視聴者が書き込んだり専用の絵文字や投げ銭を送ったりできるチャット画面をはじめ（第3章の「スタジオとお茶の間が地続きに」参照）、多くのユーザーが投げ銭やサブスク登録などを一斉に実施して盛り上げる「ハイプトレイン」といった仕掛けまである。ツイッチによれば、ハイプトレインでは「コミュニティが団結して大好きなストリーマーを盛大にお祝いする光景」を見ることができるという[36]。音楽アーティストがファンとの交流の場としてツイッチを利用できるのも、こうした特徴があるからだ（第4章の「アーティストに直接サブスク」を参照）。ちなみに、人気のストリーマーにはチャットサービス「ディスコード」の「サーバー」（特定のグループがチャットできる場所）がつきものので、ツイッチでライブストリームがない時にもコミュニティーの仲間とおしゃべりを楽しめる。

新しい中継スタイルが必要

もっとも、単純に同じ枠組みをスポーツ中継に当てはめるだけで、すぐさま若者に受け入れられるとは限らない。既存のファンにも配慮しながら、Z世代を満足させる新しいスタイルを探す試行錯誤が当分続くはずである。

事実、アマゾンは2018年からNFLの試合中継にツイッチを利用してきている。視聴者は無料で見られる上、NFL独自の絵文字を使ったチャットができ、選手やプレーの情報を画面に重ねて表示することもできる。人気ストリーマーのゴールドグローブによる「コ・ストリーミング（試合の映像にストリーマーの顔映像やコメントを加えて配信）」を実施したり、タッチダウンの回数などプレーの数値を予測して他の視聴者と競う機能も提供したりしてきた[37][38]。試合を見ながらアマゾンでチームのグッズを買う機能もあった。

それでも爆発的な人気を集めるほどには至っていないようだ。NFLの中継を担当するツイッチの「プライム・ビデオ」チャンネルでは、人気の指標であるフォロワー数が2021年9月末時点で約30万人にとどまっている。1年に数えるほどしかない放映回数を考えると仕方ない数字かもしれないが、トップストリーマーの「ニンジャ」の1700万人近いフォロワーと比べていかにも寂しい。むしろ、若者にとっては試合がない間も定期的に何かを配信した方がチャンネルに興味をそそられ、結果として試合中継の人気も高まるのかもしれない。

実はツイッチで多くの視聴者を集める秘訣は、コンテンツの内容よりもストリーマーの人気によるところが大きい。ツイッチでは同じゲームでも、eスポーツの試合より人気ストリーマーの日常的なプレーの方がより多くの視聴者を集める（第1章の「eスポーツ人気の理由」参照）。ニンジャのチャンネルでは、ゲームはうまいものの必ずしもeスポーツ界でトップではないニンジャが、時折ユーザーのチャットに応えたりしながら、8時間以上も延々とゲームをし続ける様子が中継される。同様なコンテンツがあふれるツイッチの人気の理由を、調査会社の配信技術研究所は「面白い映像を見るというコンテンツ消費型から、視聴者が人を中心に集まり、ストリーマーと共に過ごすためにライブ配信を見るストリーマー中心型に移行している」と評している[39]。

ファン中心の番組に

ここから類推すると、プロスポーツ試合の中継でも、人気選手中心のアプローチをとることが一つの策かもしれない。試合の間に映像で同じ選手を追い続けるのはもちろん、選手の日常生活も継続して配信するイメージである。試合を実況するストリーマーの選択や各種の対話機能を駆使することで、ファンのツボを突くチャンネルを作ることができそうだ。試合以外の日には特別なコンテンツを用意する必要はなく、単なる雑談で十分だろう。ツイッチでは「雑談」カテゴリーが大きな人気を集めており、2021年9月末の同カテゴリーのフォロワーは1600万人近くもいる。「音楽」の約670万人、スポーツの90万人強を大きくしのぐ。

チャンネル数に制限がないストリーミングでは、すべての選手ごとにチャンネルを設けて別々に配信するといった手段もあり得る。あるいは、チームごとにチャンネルを分け、それぞれを贔屓するストリーマーが中継してファン同士で盛り上がるスタイルも登場し得る。

重要なポイントは、ストリーミングする内容として、当然ながらファンが望むコンテンツを提供することである。従来のテレビ放送では放送が持つ単方向性やチャンネル数の制約などから、作り手側の理屈が優先されていた。これに対し、ストリーミング時代にはファン中心の番組作りが台頭するだろう。

ストリーミング中継が可能なインターネット上のメディアは、ツイッチのような専用のチャンネルに限らない。そもそもZ世代向けのスポーツ中継は、若者が多く集まるSNSで配信すべきと主張するのがフェイスブックである[40]。ストリーミング専用チャンネルで新たなコミュニティーを一から立ち上げるのではなく、既にあるコミュニティーを生かすべきという発想だ。

同社は、テレビなどの旧来のメディアとSNSは競合しないとの立場である。テレビとSNSで試合の映像を同時配信することで、従来のファンは前者、Z世代の新しいファンは後者というすみ分けが成立するとみる。

実際、欧州サッカー連盟（UEFA）チャンピオンズリーグのファイナルを南米市場向けにフェイスブックで中継した際には、フェイスブック上でのサッカー試合の最多視聴記録を達成したと同時に、ブラジルでは同じ試合の有料テレビ放送がそれまでの最多視聴記録を更新したという。つまり両者は補完的で、トータルの視聴者数を増やせるというわけである。

eスポーツとの連携は黎明期

Z世代を引き込む上で強い味方になるとプロスポーツ業界が見込んでいるのがeスポーツである。コロナ禍で試合ができない間は、米国でもトップのプロ選手が相次いでeスポーツに登場し、テレビ中継までされた（第1章の「仮想と現実が混在する」を参照）。

eスポーツの延長線上にあるメタバースへの期待も大きい。2021年2月の「スーパーボウル」では、NFLの選手がメタバースのひな形ともいわれるゲーム「フォートナイト」に登場し、ファンと交流するイベントが開かれた[41]。NBAも、同年5月のプレーオフ直前にフォートナイトでイベント「クロスオーバー」を開催。フォートナイトのプレーヤーがNBAチームのユニフォームを着たり、お気に入りのNBAチームの一員としてゲームを戦う「チームバトル」に参加できるようにした[42]。

eスポーツとの連携はまだ始まったばかりであり、現在はeスポーツリーグの運営方法や、リアルなスポーツとの関係構築を模索中の段階といえる。今のところ出足は順調である。プロスポーツの中でも先行するNBAは、傘下のeスポーツリーグ「NBA 2Kリーグ」の2020年シーズン第3セッションで、ツイッチのストリーム配信の平均視聴者数が前年比で69％も増えたとしている[43]。

ただし、これはコロナ禍の下での特需だった可能性もある。NBA 2Kリーグのツイッチチャンネルのフォロワー数は約17万とまだまだ発展途上にあり、同リーグにはNBAの全チームが参加しているわけでもない。eスポーツとリアルなスポーツの相乗効果を引き出すには、時間をかけた辛抱強い取り組みと、さらなる工夫の積み重ねが必要だろう。

そもそもeスポーツの中でも人気が特に高いのは、シューティングやバトルロイヤルなど、現実世界のスポーツとはかけ離れたゲームである。これらのゲームは、仮想とはいえ暴力を伴い五輪憲章に反するため、eスポーツの採用を検討するオリンピックでも対象外とされる[44]。現実のスポーツとの接点は、フォートナイトにおけるイベントのようなプロモーションにとどまり、eスポーツとしてのこれらのゲームは独自の発展を遂げていきそうだ。

ちなみに、2021年5~6月にはIOCの公認イベント「オリンピック・バーチャル・シリーズ」が初めて開催され、野球、モータースポーツ、自転車、セーリング、ボートの競技が実施された[45]。東京オリンピックのセーリング競技では、2020年にeスポーツの世界選手権で優勝した選手が、銅メダルを獲得するといった事例も出ている[46]。ただし、オリンピックでのeスポーツ採用は早くても2028年のロサンゼルス五輪になる見込みである[44]。

現実を超えた楽しみへ

現実のスポーツと連携するeスポーツが向かう先は、eスポーツでしか実現できない手法で、スポーツに対するファンのエンゲージメント（思い入れ）を高める方向になるだろう。eスポーツの要諦は、コンピューターが作り出す仮想的な環境の中で、現実には実現が難しいスポーツの楽しさを提供することにある。いわゆるメタバースは、この仮想環境の発展形と位置づけられる。

ファンの愛着を強めるには、スポーツを「自分ごと」として捉えてもらうことが第一である。その最大の手段は自分自身でプレーさせることであり、スポーツ界がビデオゲームに期待するのは基本的にはプレーに参加するハードルを下げることといえる。ゲームは現実世界の制約を取り払い、誰でもスーパープレーやハイレベルなコンペティションを楽しめるようにできるわけだ。

ただし現状のeスポーツで利用されるゲームは市販品であり、今後の開発の方向性はゲームパブリッシャーの胸算用次第である。パブリッシャーが気に病むゲームの売れ行きはスポーツの人気とは別次元の話であり、スポーツ業界が望む要素を盛り込むには、競技専用のソフトを開発するといった手段が必要になるのかもしれない。

ファンがチームの一員に

eスポーツになると、通常のゲームの楽しみにさらに2つの軸が加わる。多くのプレーヤーが競うコミュニティーの存在と、リアルな報酬、すなわち賞金との連動である。この2つが、凄腕のプロ選手とスリリングな試合を育み、産業としてのeスポーツを立ち上げたといえる。今後のeスポーツの発展もこの2軸に沿って進みそうだ。コミュニティーやリアルな価値との連携は、eスポーツの楽しみ方をさらに押し広げる可能性を秘めている。米国では、これらの側面を活用した、意表を突く取り組みがいくつも登場している。

ファンのコミュニティーが、チームやリーグの運営に関わる将来を予感させるのが「ブレースボール（Blaseball）」である。名前にあるように野球（Baseball）をもじったネットゲームだ。不条理な味わいが売り物で、ウィキペディアでは「ベースボール・シミュレーション・ホラー・ゲーム」と表現されている[47]。

試合の状況はウェブサイト上でテキストで記述され、ブレースボールのプレーヤーはゲーム内コインをお気に入りのチームの勝敗に賭けて（ベッティング）楽しむ[48]。このコインが肝である。プレーヤーはコインを貯めて投票権を買うことで、ルールの変更や選手の能力の強化、選手のトレードを左右する選択肢に票を投じることができるのだ[49]。

いわばファンがチームの一員として、勝利に貢献できるわけである。

この仕組みも手伝って、ブレースボールはファンの間に強い愛着を生むことに成功している[50]。現実の野球チームと同様に、各チームはシカゴやハワイ、東京といったホームタウンを持ち（地獄やアトランティスも含む）、リアルな出身地がどこであろうと参加したコミュニティー（チャットサービス「ディスコード」のサーバーに集まる）からは、その土地の一員として歓迎される（シカゴのチームのファンになると、世界中の陸地はシカゴ、海はミシガン湖と書かれた地図を渡される）。当初は現実のホームタウンがどこにあるのか知らなかったファンも、ゲームを続けるうちに自分の街として誇りを持つようになり、現地に対するチャリティー活動に協力したりするようになるという[50]。

プロリーグまでファンが操る

ファンがチームのインサイダーとして意思決定に介入する方法は、バーチャルなゲームの世界にとどまらない可能性がある。実は現実のプロリーグにも、ファンをインサイダーとして参加させるところがある。7人制のインドアゲームを戦う米国のプロアメリカンフットボールリーグ、「ファン・コントロールド・フットボール（ＦＣＦ）」だ。２０２１

年2月に初のシーズンが開幕した同リーグは、18〜35歳の若年層をファンとして取り込むために数々の趣向を凝らしている[51]。

同リーグにおけるファンの関与の度合いは、ブレースボールよりもむしろ大きい。試合中の各プレーで実行する戦術はファンの投票で選ばれる。選手の一部はプレーするチームがファンの投票によって毎週変わる。試合はツイッチで中継され、戦術の指示やファンと選手の交流にもツイッチが使われる。プレーの成功率は米IBMのAIが予測し、選手が作成したプレイリストの音楽も聴けるなど、IT化の限りを尽くしている[51]。

メジャーなプロリーグには、この芸当はとても無理だろう。しかし、相手がeスポーツであれば話は別である。プロスポーツと連携するeスポーツリーグには、何らかの形でファンを関与させる余地がありそうだ。

その入り口になるのは、各チームが発行するファントークンの可能性がある。本章の『ファントークン』が急拡大」で紹介した、トークンを買ったファンへの特典は、チームに対する投票権という形で与えられる。ブレースボールのコインを使った投票の仕組みによく似ている。

ただしファントークンでの投票は、「バルサのプレーヤーに控室で見せたいメッセージは次のうちどれ?」「ハーフタイムで流す曲はどれがいい?」(FCバルセロナの例)といったたわいもないものにとどまっている[17]。eスポーツのチームであれば、状況が変わるかもしれない。チームが属するリーグの性格にもよるが、ファントークンの特典として、起用する選手の選択など、もっと踏み込んだ投票があり得る。

プレーヤーをNFT化

eスポーツのリーグでは、複数のファンが選手自体も所有してチームを運営するといった形態も登場しそうだ。プログラムで実装したデジタル選手にNFTを適用することで、あたかも人間の選手のように一人ひとりが唯一無二の存在になり、スカウトやドラフトを通じてやりとりできるようになるからだ。リーグさえ許せば、ファンのグループが資金を出し合ってデジタル選手を集めたチームを立ち上げられることになる。

デジタル選手をNFT化すると、リーグが公認した有名選手の分身がエディションナンバー付きで登場したり、eスポーツチームで鍛えた選手を他のチームと金銭トレードしたりもできるようになる。現実の選手の成績を反映するデジタルプレーヤーのNBAチームが登場して、ファンがコントロールするといった将来さえ訪れるかもしれない[52]。

これもまた夢物語ではない。ゲームの世界ではこうした仕組みを取り入れた事例が既にいくつもある。2018年に発足した「ゼッドラン」は、NFTで唯一であることを保証されたデジタル競走馬が競うネットゲームである[53]。ユーザーは定期的に売りに出される競走馬を購入して馬主になり、ひっきりなしに開催されるレース（ツイッチなどで中継）に参加して稼ぐことができる。それぞれの馬はNFTで価値を保証された資産なので、他のNFT資産と同様に売買が可能である。それぞれの馬にはDNAや血統があり、購入した馬主が繁殖させられる。生まれた馬も当然NFTで価値を保証され、売買もできるわけだ。ゼッドランは成長軌道に乗っており、クリプトスラムのデータによるとゼッドランのNFT資産の売上高は2021年9月末までに合計1億ドル（約110億円）を超えている[13]。

その将来性を見込んだ米国のカーレース団体NASCARは、2021年8月にゼッドランと提携した。同年10月には、手始めとしてNASCARの名を冠したレースをゼッドランで開催し、特典付きのNFT「NASCARゼッドパス」を発売している[54]。NASCARはコロナ禍中に実際のレースの代わりにeスポーツのカーレースを開催し、FOXがテレビ中継して合計130万人もの視聴者を集めたことがある[55]。NFT化したバーチャルカーのレースを視野に入れていることは確かだろう。

人気が出ずに終わる場合も

このほかサッカーでは、NFTとファンタジースポーツを組み合わせたフランス・ソレアの取り組みがある。ただし、この取り組みは、あくまで現実の選手の活躍に基づいたファンタジースポーツで、NFTは選手に対応するカードの実装に利用している。前述のように同社は世界180のサッカークラブと提携済みである（本章の「NFTがスポーツ界を席巻」参照）。

注意が必要なのは、これらは基本的に私企業が提供するゲームであり、人気が出なければ消えていく運命にあることだ。実はMLBは、他のリーグに先行してNFTを使ったオンラインゲームを展開していた。提携先のゲーム企業ルシッドサイトが開発した「MLBチャンピオンズ」である[56]。2018年に始まり、ユーザーは実在のプレーヤーに対応するNFT化されたバーチャルフィギュアを入手して試合に投入できた。プレーヤーの能力や試合の勝敗は、現実のMLBの試合や選手と連動していた[57]。

このゲームは大きなブームを形成することはできず、2021年に入ってMLBは提携の打ち切りを表明している[56]。選手のフィギュアは現在も取引されており、1カ月当たり10万ドル（約1100万円）程度の売り上げがあるようだ[13]。

不首尾に終わる取り組みが頻発すると、個別のNFT資産はもちろん、実在の選手の価値も毀損されかねない。NFTを使ったeスポーツと現実のスポーツの相乗効果を狙うためには、NFTを用いるゲームにリーグ側が積極的に関与し、ゲームの仕組みやNFT資産の取り扱いの品質を管理していく必要がありそうだ。

ファンもバーチャル空間に

選手ではなくファンを、仮想のゲーム世界に引き入れる取り組みもある。ユーチューブの創業者チャド・ハーレーらが2021年初頭にお試し版を立ち上げた「グリーンパーク・スポーツ」は、スポーツチームのファン同士が集まってコミュニティーをつくり、他のファンのコミュニティーとゲームで対決するスマホアプリだ[58]。

それぞれのファンは、応援するチームを表す衣装をまとったアバターとして表現され、現実のスポーツ試合の予測や、おなじみのスマホゲームで相手と競い合う。シーズンごとに、現実のスポーツチームの勝敗とは別にファンコミュニティーのチャンピオンが選ばれ、MVF（Most Valuable Fan）も決めるという[58]。グリーンパーク・スポーツは2021年5月にNFT技術企業のイミュータブルXと提携。グリーンパークの世界の中で、NF

T化したデジタルアイテムの獲得や売買を可能にする計画だ[59]。

グリーンパークの狙いは、様々なスポーツやeスポーツのファンが一堂に会することで、それぞれがスポーツやチームに対して抱く愛着感や忠誠心を思う存分表現できる仮想世界の実現といえる。いわば「次世代のスポーツファンが、日常を超えてファン魂をほとばしらせるグローバルな交流の場」だ[59]。

この取り組みの先進性は、消費者の嗜好の変化に敏感なスポーツリーグを引きつけている。NBAやサッカーのラ・リーガ、人気オンラインゲーム「リーグ・オブ・レジェンド」のチャンピオンシップシリーズ（LCS）が既にグリーンパークと提携済みである。例えばNBAは、ファンのアバターが身につけられるNBA選手のグッズを提供したり、アプリの中の「NBAジャンボトロン」で試合を見られるようにしたりするという[60]。

すべてはメタバースへ

グリーンパークやゼッドランなど、スポーツのファンのコミュニティーを形成し、暗号資産など価値の流通と結びつけるサービスは、いずれも同じ方向を目指して動いている。いわゆるメタバースの実現である。

エンタメに限らず人々の活動をことごとく取り込むとされるメタバースは、ある意味、現実世界がもう一つ生まれるようなものである。既存のオンラインゲームやeスポーツと比べて段違いに大きな経済価値を生み出す可能性がある。各社はこの新大陸に、いち早く橋頭堡《きょうとうほ》を築こうとしているのだ。

グリーンパークやゼッドラン、さらにはリーグ・オブ・レジェンドやフォートナイトといったオンラインゲーム群は、今でも一種のメタバースといえる。「終了やリセットがなくずっと続くこと」「一人ひとりが存在感を得られること」「リアルタイムで経験できること」といったメタバースの条件を、多少なりとも体現しているからだ（メタバースの条件については第4章の「SNSはメタバースに」を参照）。NFTの活用は「経済の体系があること」という条件を満足させることができる。

恐らく、今後の開発の焦点となる大きな関門は、「様々なサービスの間で互換性があること」という条件だろう。これが満たされれば、ゼッドランの競走馬やグリーンパークのファン、さらにはNFT化された数々の選手たちが、様々なサービスの間を渡り歩いて活躍できるようになる。ただし実現の時期は、今のところ全くの未知数である。

リアルもメタバースの一部

いずれは現実のスポーツの試合も、コンテンツの一部としてメタバースに組み込まれていくだろう。エンタメ産業に詳しい投資家のマシュー・ボールは、スポーツ界にメタバースがもたらす最大級のインパクトとして、試合を見る方法の変化を挙げている[52]。ファンはあたかもスタンドにいるかのように仮想空間に集い、かぶりつきのシートでファン仲間に囲まれながら応援できるようになる。

既にリアルな試合の映像をあらゆる角度から撮影し、自由な視点から眺められるようにする環境は整いつつある（本章の「生放送でもインタラクティブ」参照）。映像解析やセンサーを使った選手の動きのデータ化も、選手の能力強化の観点などから進んでいる。これらを駆使すれば、ファンが集うＶＲ（仮想現実）空間の中に現実の試合をそっくりそのまま再現することは十分可能だろう。実際、米通信大手のベライゾンは、英ブックメーカー大手のエンテインと協力し、スポーツ観戦とベッティングを組み合わせた没入型のＶＲ体験を開発すると２０２０年12月に発表している[61]。

ひょっとすると将来は、技術の進歩によってリアルな選手から成るチームがデジタルプレーヤーのチームと対戦することさえ可能になるかもしれない。そうなれば、リーグで群を抜く常勝チームが、NFT化された自分たち自身と対峙するエキシビションマッチも見られることになる。

メタバースとスポーツの関わり合いは、アイデア次第で限りなく広がりそうだ。例えばVRを使ったトレーニングは既に始まっている。スキーシミュレーターを使った代表選手の強化や、プロのアイスホッケーチームのトレーニングなど[62][63]、事例はいくつもある。VR空間でのトレーニングの様子を生中継する選手が現れてもおかしくない。

仮想空間は、NFTを使ったデジタルアイテムから、名選手が着用した本物のユニフォームまで、リーグやチームのグッズを販売するマーケットにもなるだろう。いずれ人気のクラブチームが、ファントークンだけが通用する独自の経済圏を打ち立てることさえ、根も葉もない空想とは言い切れない。

スタジアムはとことんスマートに

メタバースがどんなに進歩しても、気の合う仲間と直接膝を交えてスタジアムで楽しむ試合の興奮は極上の体験のままだろう。コロナ禍で続いた自粛生活からの解放は、物理的に出かける喜びを改めて噛み締める絶好の機会になった。

ただし、普段からITにどっぷり浸かったファンが、スタジアムの試合にも同様な利便性を求めるのは必至である。際どいプレーのスロー再生や緻密な戦略の詳しい解説がリアルな会場では得難いとしたら、Z世代のファンには理不尽としか思えないはずだ。

この不満を解消するスマートなスタジアムやアリーナは、もはや観戦の最低条件ともいえる。高速WiFiのアクセスポイントを密に配置し、巨大ディスプレーやいくつものデジタルサイネージ（電子看板）を備え、さらにはチケットレス入場や混雑を避けた席までの経路案内、食事やグッズのキャッシュレス販売、用途に応じてレイアウトや設備をフレキシブルに変更できるといったことが、どの会場でも順次当たり前になるだろう。

スタジアムやアリーナのスマート化も、やはり米国や欧州が先行して取り組んできた。代表例として挙げられるのは、NFLのサンフランシスコ・フォーティナイナーズのホーム球場リーバイス・スタジアムやアトランタ・ファルコンズのメルセデス・ベンツ・スタジアム、ラスベガスにあるTモバイル・アリーナなどである（第4章の「全面スクリーンに覆われた「スフィア」」も参照）。

状況の変化に素早く対応できるのも米国施設の特徴だ。2020年初頭のコロナ禍の勃発を受けて、清掃関連業界の国際団体GBACは、国際的な衛生基準を満たした施設の認証制度「GBAC STAR認証」の運用を開始。筆者が日本事業の創始に関わったAE

Gが所有するロサンゼルスのステイプルズ・センター・アリーナは、空気や水の除菌・滅菌システムを迅速に導入して、2020年7月には早くもこの認証を取得した[64]。

今後の会場の機能強化も欧米主導で進む見込みだ。既にレジなしの無人店舗が導入され、来場者の自動車をロボットが牽引して駐車場の適切な位置に移動させるといった先進機能が実用化されつつある[65]。著名なスタジアムやアリーナの建設に携わったデンマークのランボールは、「会場を裏返しに」して、これまで観客しか使えなかったレストランや売店を会場外の人々にも開放したり、会場内の様子を巨大ディスプレーで外部にも放映したりすることで、会場の内外を地続きにするアイデアを提案している[66]。

先進技術に旧弊の足枷

最新のスマートスタジアムを構築するには、先端技術を持った企業の力が欠かせない。米国が会場のスマート化を牽引できる一因は、IT業界の巨大企業の存在である。例えば2020年9月にオープンしたロサンゼルスのソーファイ（SoFi）スタジアムは、米グーグルと提携している[67]。

技術力では日本勢も負けてはいない。実際、NTTグループは前述のリーバイス・スタジアムの通信基盤の構築に協力している[68]。同グループは、NACK5スタジアム大宮などで、デジタルサイネージ・ネットワークを使った情報発信や試合連動の映像配信、VRによるゴールキーパー体験イベントなど、新しい試みに次々と挑んでいる[69]。

こうした技術力がありながら、日本が欧米の後塵を拝している理由は、ここでもビジネス面での古い体質にある。スタジアムのスマート化に要するコストをビジネスの拡大で回収できる、効率的な運営体制が整っていないのである。

海外の会場では、AEGなどの運営会社がチケット販売、グッズ販売（マーチャンダイジング）や飲食、会場施設賃貸管理費などすべての収入源を把握し、リアルタイムで管理できる体制を構築している。ところが国内の会場は、今でも第三セクターが運営するところも多く、古くからの非効率な業界慣習が各所に残ったままである。国内の会場を海外並みにスマート化していくには、こうした古い体質を順次改めていかなければならない。

AEGは、2021年2月に愛知県新体育館の整備・運営事業の事業権を獲得した「Aichi Smart Arenaグループ」に前田建設工業、NTTドコモ、東急などと共に一員として加わっている[70]。同体育館は日本最大級かつ世界基準を目指したアリーナになる見込みだ[71]。世界でノウハウを蓄積してきたAEGが計画の一角に参加することで、日本におけるスマートスタジアム運営の模範になることを期待したい。

日本のプロリーグの未来

本章の最後に、日本のプロスポーツリーグの今後を考えてみたい。日本でも、暗号資産の活用や、ストリーミングによる試合中継、eスポーツとの連携といった本章で紹介してきた手段が広がっていくことは確実である。いくつか事例を挙げたように、既に採用を始めたチームやリーグもある。こうした努力は、産業としての日本のプロスポーツを底上げする効果がある。

ただし、日本のプロリーグと海外トップクラスのプロリーグの間には大きな違いがある。事業規模で大きく水をあけられているのだ。コロナ禍の前に、日本最大のプロスポーツリーグであるプロ野球（NPB）の年間売上高は1800億円程度だった[72]。これに対し、米国のMLBは1兆円を超える売上規模を誇っている[73]。球団数がMLBの30球団に対してNPBが12球団であることを踏まえても、両者の規模には大きな格差がある。

この理由の一つは、米プロスポーツが獲得している巨額のメディア放映権料である。2021年現在、MLBは1年間でFOXから7・3億ドル、ターナーメディアから4・7億ドル、ESPNから5・5億ドルと、合計17・5億ドル（約1900億円）に達する金額を受け取る契約を結んでいる[74][75][76]。それだけで日本のプロ野球の売上高を超えてしまう。このほかチケット収入やスポンサー料金、グッズ販売などを積み上げることで、1兆円の大台を達成するわけだ。

この差は、ひとえに球団やリーグ自体の人気が大きく違うことから来る。世界にファンがいるMLBに対して、NPBは基本的には国内ファン頼みで、しかも緩やかに減り続けている（本章の図5－1を参照）。

実は、1990年代半ばまでMLBとNPBの売り上げには大きな差がなかったとされる[77]。当時のNPBの売上規模は、現在世界一のサッカーリーグである英プレミアリーグよりも大きかったが、今では同リーグの50億ポンド（1ポンド＝150円換算で約7500億円）強に遠く及ばない[78]。30年弱の間、欧米のプロリーグが貪欲に事業拡大を進める一方で、日本の野球界はほとんど努力をしてこなかったことになる。例えばMLBは、インドや中国といった野球になじみが薄い国でもファンを獲得するために、年間数百万ドル規模の投資をしているという[79]。

何よりも、日本のリーグと海外トップのリーグでは、プレーのレベルが違う。世界最高の野球の試合を見られるのはMLBであり、そこにはファンだけでなくトップ選手も集まってくる。端的にいえば、なぜ大谷翔平はMLBでプレーしているのか、ということである。

もちろんプロリーグを支える確固たる基盤は各チームの地元のファン層であることは間違いない。しかし、国内人口の減少や他のスポーツとの競合を考えると、それぞれのプロスポーツチームは、ホームの枠を超えて、日本全体、世界各国にファン層を広げていくことを求められるだろう。そのためには、ビジネス上の工夫はもちろん、世界で勝負できる選手の育成、プレーや試合の質の高さといったコンテンツの強化が何よりも重要だ。

第6章

演劇

ITと先達のノウハウをフル活用 目指すは日本版ブロードウェイ

2021年9月14日。ニューヨークにブロードウェイが戻ってきた。15年以上のロングランを続ける「ライオンキング」に「ウィキッド」、近年最大のヒット作となった「ハミルトン」など、きらびやかなラインナップが満場の観客を受け入れた。2020年3月12日にすべての劇場が閉鎖されてから、実に18カ月ぶりの上演である[1]。

それでも、コロナ禍前の活況にはほど遠い。この日に再開した公演は5つのみで、他の演目は2021年末にかけて散発的に上演が始まる予定である[2]。どの公演も、来場者はワクチン接種の証明書とマスクの着用を求められる[1]。2021年9月29日には、ディズニー原作のヒットミュージカル「アラジン」が、再開の翌日に「ブレークスルー感染」で公演をキャンセルする(ただし、さらにその翌日に再開)など、状況は流動的である[3]。何よりも、観客の65%を占める観光客がまだニューヨークに戻ってきていない[4]。18億2900万ドル(約2012億円)と、ブロードウェイ史上最高の売り上げを達成した2018~2019年シーズンの賑わいを取り戻すまでには、当分時間がかかりそうだ[5]。

日本の演劇界も同様である。ぴあ総合研究所の調べによると、日本のライブ・エンターテインメントのうちステージ(ミュージカル、演劇、歌舞伎/能・狂言、お笑い/寄席・演芸、ダンス、パフォーマンスなど)の市場は、コロナ禍が直撃した2020年に前年比75%

減の518億円まで激減。2021年には同2・3倍の1197億円になるものの、2019年の2058億円の水準まで戻るのは2023年（2090億円の予想）になる見込みという[6]【図6－1】。この数字も「2022年3月までにイベント開催制限が完全撤廃される」という条件付きである。

逃げ道がなかった演劇産業

ライブ・エンターテインメントの中でも、コロナ禍によってひときわ厳しい状況に置かれたのが演劇産業だった。音楽には音楽ソフトの売り上げがあり、

図6-1 日本の音楽コンサートとステージの市場

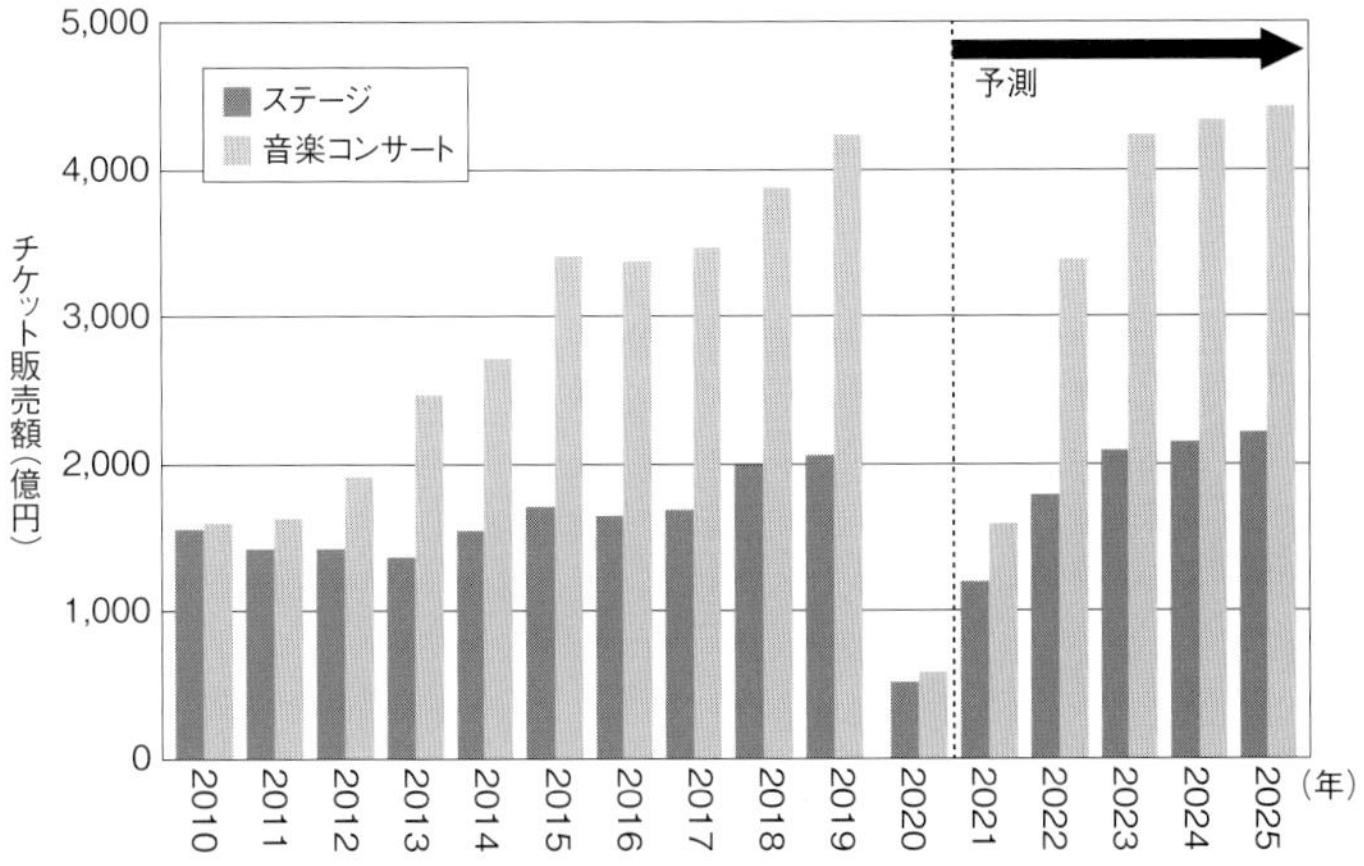

ステージは、ミュージカル、演劇、歌舞伎/能・狂言、お笑い/寄席・演芸、ダンス、パフォーマンスほかを含む。オンライン配信は含まない。（出所:ぴあ総合研究所のデータを基に作成）

プロスポーツにはメディア放映権料があるのに対し、演劇にはこれらに匹敵する支えがない。

世界の演劇界の頂点に位置するブロードウェイでは、例えば観客数を半減させてソーシャルディスタンスを保ちながら公演を実施するという選択肢すらなかった。ブロードウェイのショーは制作や運営に多大なコストがかかるため、観客数が半減するような中途半端な興行では赤字を免れないためだ。

このためコロナ禍の最中は、政府の補助金などを頼りに耐え忍ぶしかなかった関係者も少なからず存在したとみられる。ミュージカルなどを収録した映像のＳＶＯＤサービス「ブロードウェイＨＤ」が、２０２０年第４四半期に、ある作者にロイヤルティーを支払ったところ、最初は「劇場が閉まっているから間違いだ」と勘違いされた上、誤解が解けると「これでやっと家賃を払える」と感謝されたという[7]。

この発言からも分かるように、ブロードウェイの関係者は概して新技術にうとく、その活用にも懐疑的だった。２０１９年に米ワシントンポスト紙が13人のトップクラスの演劇関係者に聞いたところ、ストリーミングは必須になるという意見が多かった一方で、舞台が見られなくなるリスクを冒してまで映像化しなくてもいいという見方も根強かった[8]。

コロナ禍はこの状況を大きく変えた。ストリーミングをはじめ、最新技術の利用に前向きな姿勢がブロードウェイにも芽生えている。プロスポーツや音楽業界を追って、NFTの活用にも乗り出すほどである。NFTを用いてブロードウェイに関するデジタルアイテムを扱うサービス「bway.io」の発足が、2021年7月に発表された。劇場で配られる雑誌「プレイビル」のレアなカバーや、ソニー・マスターワークスが所有する貴重な画像や音源などを販売する計画だ[9]。

ブロードウェイもSVODで

舞台を撮影した映像の配信は、ブロードウェイでも当たり前になりつつある。舞台専門のストリーミングサービスでは、先述のブロードウェイHDに加えて、「ブロードウェイ・オン・デマンド」が2020年5月にサービスを開始した[10]。

既存の大手SVODサービスも、オリジナルコンテンツの一環として、ブロードウェイ作品の配信に積極的である。チケット代が高額なミュージカルの配信は、SVOD側にとっても顧客獲得の有力な手段になる。ディズニープラスが2020年7月初頭に「ハミルトン」の映像版を公開すると、アプリのダウンロード数が79%も増えたという[11]。

2021年9月にはアップルTVプラスが「カム・フロム・アウェイ」、同10月にはネットフリックスが「ダイアナ」の配信を始めた。ダイアナはコロナ禍前にプレビューが9日間公開されただけの新作で、ブロードウェイでの上演が始まる同11月より配信開始が1カ月も早い[12]。今後、劇場での公演再開が軌道に乗れば、上演中の作品をリアルタイムにストリーミング中継するケースも出てくるかもしれない。

ストリーミングが宣伝に

ブロードウェイがストリーミングに前向きになった裏には、新しい観客を劇場に呼び込むマーケティング手段として使えるとの思惑がある。ストリーミングであれば、若い世代などこれまで劇場に縁が薄かった層にリーチできる。しかも映像を見た視聴者は、それだけで満足せずに劇場に足を運びたくなる効果が高いことが分かってきた。

米モーニングコンサルトの調べでは、ディズニープラスで「ハミルトン」を見た演劇ファンではない視聴者（劇場で観劇する回数が年1回以下）の84％が、劇場での公演をもっと見たくなったと答えた[13]。ロンドンのナショナルシアターがコロナ禍中に実施した公演のライブ中継は173カ国で1500万回視聴され、そのうち40％は35歳以下だった。ブロードウェイ・オン・デマンドが放映した多数の高校生の演劇は、1週間当たり

1万5000枚ものチケット売り上げにつながったという[12]。さらに作品の作り手からは、演者の表情や気づかれにくいディテールのクローズアップなど、様々なカメラアングルで舞台を見せることで、通常の観劇とは異なる表現が可能になることを評価する意見もある[7]。

現時点での問題点は、ブロードウェイ作品をストリーミング配信する際の標準的な契約方法が定まっていないことである。この問題の解消には、しばらく時間が必要だろう。

ブロードウェイとロンドンのウエストエンドのミュージカルの大原則として100年以上守られてきたのが、舞台前にあるオーケストラピットで必ずライブ演奏を行うことであった。ただし、ニューヨークとロンドン以外のツアー公演では、通常は録音音源が使用され、ラスベガスのフランチャイズ常設公演でもオーケストラは用いられない。これは、経費を抑制しなければツアーの成立が難しく、常設興行でもライブ演奏の導入は採算性を脅かすためである。

公演のストリーミング配信は、コロナ禍の緊急対策ということで試験的に導入され、通常は利権擁護を強く主張する制作者、俳優、演奏家組合は例外的に規約を大幅に緩和し、その実現に協力した。しかし、これらの組合は、コロナ禍対応を理由にこれまで守られてきた権益が切り崩されることを警戒しており、現時点ではストリーミング配信の拡大は必ずしも確実視されているわけではない。

一方でSVODサービスの提供者側は、長期的にはストリーミングは演劇に付随する手段になると楽観視している。ブロードウェイHDを創業したボニー・コムリーは、いずれはブロードウェイの作品を作り上げる過程の一環として、配信用の映像の収録が組み込まれると予測する。ブロードウェイのミュージカルは制作に7年ほどかかるのが普通で、作品が出来上がってから関係者に映像化の話を持ちかけると大きな手間がかかる。制作の初期のプロセスから映像化を前提にした方がずっと効率的というわけだ[7]。

オンライン演劇やVR活用も

コロナ禍の最中には、日本でも様々な演劇の試みがなされた。ブロードウェイほどの徹底的な劇場封鎖にはならなかったこともあり、舞台のライブ・録画によるストリーミング配信は、むしろ日本の方が先行したといえそうだ。今では、演劇専門のサブスクリプションサービス「観劇三昧」や都度課金の「歌舞伎オンデマンド」、チケット販売3社（ぴあ、ローソンエンタテインメント、イープラス）のストリーミングサービスなどが配信の基盤となり、配信予定の公演を紹介するサイトには連日様々なコンテンツが並んでいる[14]。

ＩＴと組み合わせた新しい演劇表現の可能性を探る動きも進んだ。劇場で上演せず演者が「ズーム」などのリモート会議システムで集まる「オンライン演劇」は、一定の観客を獲得。この取り組みに積極的な劇団ノーミーツが２０２０年７月に公開した「むこうのくに」の有料公演（２８００円）は、演劇として破格の７０００人もの視聴者を集めた[15]。同劇団はオンライン演劇サイト「ＺＡ（ザ）」を立ち上げたほか、２０２１年３月には「全国学生オンライン演劇祭」を開催するなど活動を続けている[16]。

「ＶＲ演劇」と呼ばれる取り組みもある。あらかじめ収録した舞台の映像を、ＶＲヘッドセットを用いて見せる方式で、オンライン配信だけでなく、劇場に集まった観客が、それぞれヘッドセットをかぶり個別のブースで視聴する形態でも上演された[17]。映像が終わった後に、ヘッドセットをつけた観客が周りにいる様子が見え、その姿の滑稽さ、不条理さをも感じさせる趣向という。果たして将来の演劇がこういう形態でいいのか、という作り手側の葛藤も表現した格好である。

演劇は富裕層のものに？

こうした試みの先には、いわゆるメタバースの中で観劇するといったスタイルも現れるかもしれない。VRヘッドセットをつけて仮想空間に入り込み、他のファンと一緒になって演劇を楽しむ形だ。スポーツ観戦において、現実の試合を再現した映像を仮想空間中で視聴するのと同様である（第5章の「リアルもメタバースの一部」参照）。

将来は劇場で鑑賞できるのは一握りの裕福な観客にとどまり、その他大勢はストリーミングなどの映像で演劇を楽しむようになると予測する向きもある[18]。これは、高い人気を反映して、ブロードウェイのチケット価格が以前から上昇を続けているためである。コロナ禍前には「ハミルトン」のチケットが最高849ドル（約9万3000円）にも達し、それでもリセール市場での価格の高さを考えると安いといわれたほどだ[19]。演劇は劇場の数や座席数、上演回数が限られるため、人気が高まると価格が上がるのは避けられない。

実際、現状でもブロードウェイの顧客層は学歴や年収が際立って高い。業界団体のブロードウェイ・リーグの調べによると、2018〜2019年シーズンの観客（25歳以上）の81％は大卒以上、41％は大学院卒で、世帯当たりの平均年収は実に26万1000ドル（約2870万円）である[4]。

演劇のストリーミングが当たり前になると、人気の高い大作に内容が偏る可能性を危惧する見方もある[18]。ブロードウェイの舞台の高品質な映像化には通常の制作費に加えて200万〜400万ドル（約2・2億〜4・4億円）ものコストが上乗せになるためだ[10]。

そもそもブロードウェイの作品の制作費自体が高騰を続けてきた。作品をヒットさせて資金を回収する確率を高めるために、ハリウッドスタジオなどの大企業が映画に基づく作品やリメーク作を手掛ける傾向も強まっている。演劇作品の多様性を保つためには、音楽の世界でツイッチによるライブ配信やファンによるサブスクリプションが広がったように（第4章の「アーティストに直接サブスク」を参照）、手軽な手段で練習の様子や作品自体を配信してファン層を広げるといった取り組みが必要になるかもしれない。

横ばい続く日本の演劇市場

もっともこうした技術による演劇の強化は、今後の演劇産業を成長軌道に乗せる上で、あくまでも傍流の手段である。演劇の王道はあくまでも劇場での公演であり、優れたコンテンツを生み出して劇場に観客を集めることが最重要であるのはこれからも変わらない。

その点で、ブロードウェイと日本の演劇界の間には大きな開きがある。成長の勢いがまるで違うのだ。

コロナ禍前のブロードウェイの売上高は、２０１０年から２０１９年の間に79％成長したのに対し、日本の演劇界の市場規模は32％しか伸びていない（日本はぴあ総研のステージ市場の数字）[5][6]。この期間の日米のインフレ率（米国17・2％、日本5・5％）を考えても、米国の方が2倍以上成長したことになる[20]。本章冒頭の図6－1を見ても、同期間に国内で大きく拡大した音楽ライブの市場と比べて、ステージ市場が伸び悩んでいることが分かる。

実は国内では、バブル期直後の1990年代前半と比べて、演劇の人気は落ち込んでいる。博報堂生活総合研究所が2年おきに実施している「生活定点」調査によると1992年の開始時から2020年の最新調査までの間で、「よくするスポーツや趣味はなんですか？」という問いに対して「観

図6-2 観劇を趣味と答えた人の割合

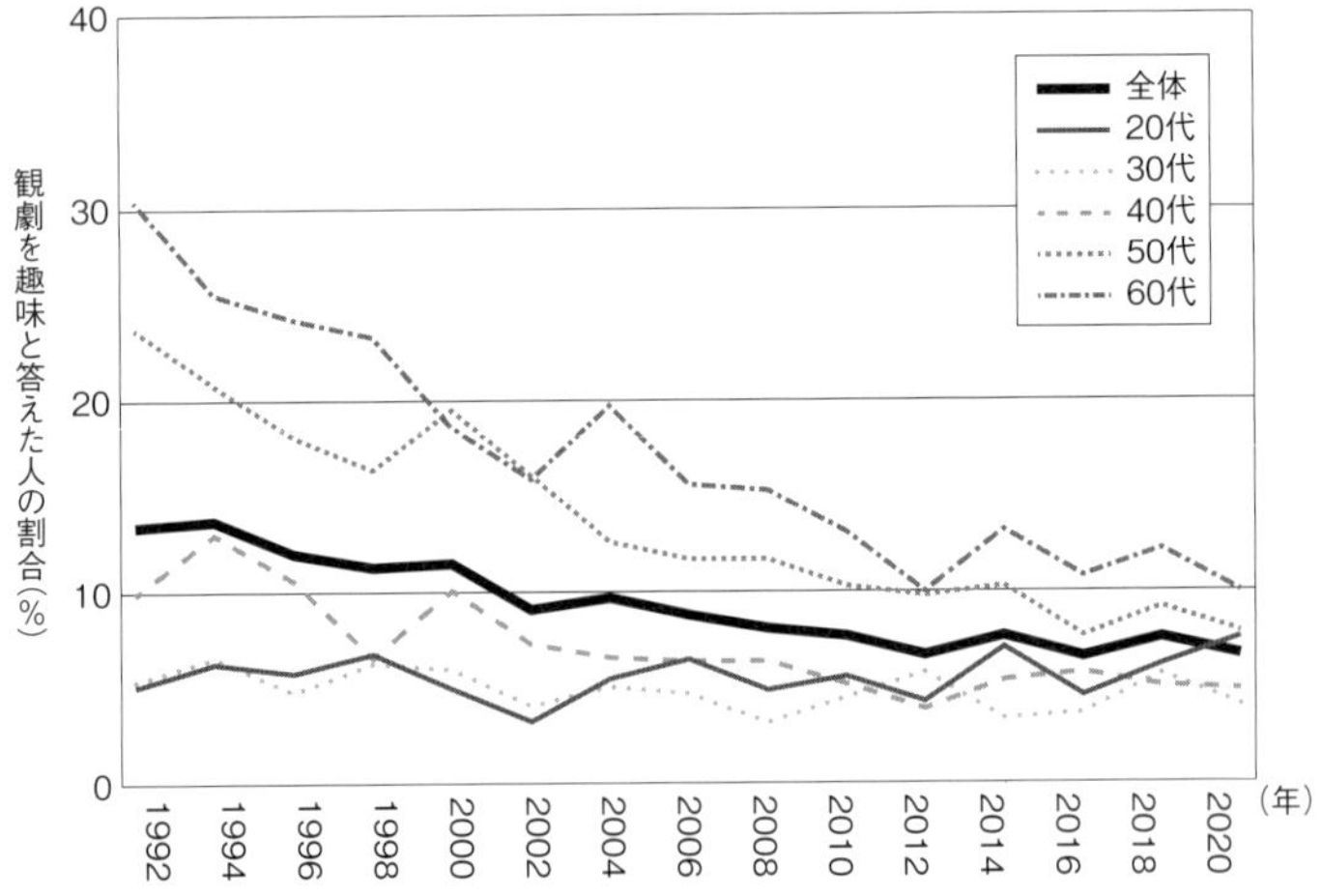

（出所：博報堂生活総合研究所「生活定点」調査のデータを基に作成）

劇」と答えた人の割合は、右肩下がりに落ちてきた[21]【図6－2】。1990年代前半には全体の13％強の回答者がいたのに対し、2010年代には6～7％台を行ったり来たりしている。以前は割合が高かった50代、60代といった高年齢層の数字が大きく下がる一方で、若い年齢層ではおおむね横ばいが続いてきた。

2・5次元だけには頼れず

ただし博報堂生活総合研究所の2020年の調査では、将来に希望が持てる数字もあった。20代における観劇を趣味とする人の割合（7・6％）が、回答者全体の数字（6・7％）を初めて上回ったのである。20代の女性が13・4％と高い値を記録したことが大きい（20代の男性は1・9％、女性全体では11・7％）。

これには、ティーンエージャーから30代までの女性が中心的な顧客層とされる、いわゆる「2・5次元」ミュージカルが一役買った可能性がある[22]。2・5次元ミュージカルはマンガやアニメなどの2次元コンテンツを3次元の舞台で表現した演目で、2018年には動員数が約300万人、市場規模は前年比45％増の226億円に達するなど成長を続けてきた。日本発祥の独自のコンテンツとして今後も成長への期待は大きい。

もっとも、2・5次元ミュージカルだけで日本の演劇界全体を底上げするのは無理だろう。博報堂生活総合研究所の調査に見るように演劇の顧客層は年齢層が高く、実際に日本芸術文化振興会が助成する演劇80件（現代演劇66件、ミュージカル3件、児童演劇5件、人形劇6件）の観客を対象にした調査でも、40代以上が半数を超えた（無回答を除いた場合）[23]。2・5次元作品で低年齢層の開拓を進めるのと並行して、マンガやアニメに興味をそそられない顧客層をも惹きつけるコンテンツの拡充が求められる。

ブロードウェイに学ぶ

将来にわたって日本の演劇を産業として成長させるために、最大のお手本となるのはやはりブロードウェイの取り組みであろう。実はブロードウェイの劇場における収入自体はそこまで大きくない。史上最高だった2018～2019年シーズンのチケット売上高は、ニューヨークの劇場の結果に全米ツアーの数字を合わせても合計34億6200万ドル（約3808億円）[5][24]。同年の日本のステージ市場の1・85倍程度にすぎない。

それでも世界の演劇界に対する影響が巨大なのは、劇場での上演に加えて様々な手段でコンテンツを生かせるためだ。ブロードウェイでヒットした作品は、北米各地はもちろん世界の大都市を回るツアー興行を編成できる。ニューヨーク以外にも、ロンドンやロサンゼルスといった演劇人気が高い都市の常設劇場で上演されることも多い。

海外向けには、外国語版の上映権の販売もある。劇団四季がディズニーのミュージカルを日本語で演じるようなケースである。このほかキャストがレコーディングしたアルバムやロゴ入りTシャツといった関連グッズを世界規模で販売できる上、舞台を原作にした映画化やテレビドラマ化もあり得る。

ニューヨーク市にとっては観光の目玉という役割も大きい。前述のようにブロードウェイミュージカルの観客の65％は観光客である（米国内46％、海外19％）[4]。ブロードウェイ目当ての来訪者は、食事や宿泊、買い物などを通じて現地の経済を潤わせる。業界団体のブロードウェイ・リーグによれば、２０１８～２０１９年シーズンにブロードウェイの興行がニューヨーク市の経済に寄与した金額は、公演の実施に必要な支出や観光客の消費などを合わせて１４７億ドル（約1兆６２００億円）に達したという[25]。

世界で勝負できる作品づくりへ

残念ながら現在の日本の演劇界には、大規模な海外ツアーを編成したり、海外の観光客が来日する第一の理由になったりするほどのコンテンツはまだない。映画や音楽、プロスポーツなどと同様に、演劇業界も日本での人気の拡大はもちろん、海外で通用するほどのヒット作を生み出すことが、これからの大きな目標になるだろう。

実際に、海外でも通用するほどの高品質を目指した作品は出始めている。2020年10月に劇団四季が発表した「ロボット・イン・ザ・ガーデン」は、日本語によるオリジナルミュージカルの本作的な新作としては16年ぶりの作品だった[26]。雑誌「ミュージカル」の年間ベスト1を獲得し、同劇団の財産演目になると評価されている[27]。10年以上前から海外展開の重要性を主張してきたホリプロは、海外向けも想定して黒澤明監督の映画「生きる」を2018年にミュージカル化[28]。2020年に再演して、完成度を高めている[26]。

海外から観光客を呼べるほどの作品を日本で制作・上演する好機になり得るのが、カジノを併設したいわゆる統合型リゾート（IR）の整備である。政府の計画では、「国際的に競争力のある滞在型観光を実現する」ために、「我が国においてこれまでにないクオリティ」と「これまでにないスケール」の施設を目指すとされてきた[29]。施設内でカジノは面積の最大3％とごく一部で、ほかには大規模な国際会議を開催できるMICE（Meeting, Incentive, Conference, Exhibition）施設や、世界中の観光客の高い関心を集める「魅力増進施設」、すなわち劇場やコンサートホールといったエンターテインメント施設を設けて、日本の伝統や文化を生かした公演などを提供する計画である。東京ディズニーランドをしのぐほどの集客力を想定し、米国のカジノ運営大手などの力を借りて、世界最高水準のエンターテインメントを実現する狙いだった。

ところがコロナ禍によって、この計画は大きく修正を迫られた。首都圏での開業を目指してきた横浜市は市長の交代で２０２１年９月に誘致を撤回した[30]。横浜と並んで誘致に力を入れてきた大阪は、約１兆８００億円もの初期投資を決めるなど、政府の構想に沿った大規模な計画を維持している。ただし、当初は２０２５年の万博開催時にＩＲ施設の一部開業を目指していたが、２０２１年10月時点では「２０２０年代後半」と開業時期をぼかしており、オープンは当分先になるようだ[30][31]。このほか和歌山県と長崎県が誘致を目指しているが、初期投資額がそれぞれ約４７００億円、３５００億円と大阪と比べて小粒になる見込みである。

何年もかけて品質を磨く

日本の演劇界がブロードウェイのヒット作に匹敵する作品を生み出すためには、これまでの制作の過程を見直す必要がある。ブロードウェイで上演される作品はヒットの確率を高めるために、6～7年もの期間を費やし段階的に完成度を高めている。それでも、観客に受け入れられて上演を継続できるのは一握りである。70％のショーは財政面で失敗ともいわれるほどだ[32]。世界を夢中にさせる作品は、多大な資金と労力をかけ、その中からさらに絞り込まれた上で、ようやく出来上がるわけである（次ページのコラム「ブロードウェイの制作過程」を参照）。

ブロードウェイのやり方をそのまま日本に取り入れることは困難であり、単純に真似をしてもうまくいくとは限らない。これだけ大規模な取り組みができるのは、日本では全国に劇場網を持つ劇団四季くらいとの意見もある[26]。

大事なのは、世界水準の品質を確保するには労力や時間を惜しみなく投入する必要があるということだろう。ある程度の失敗を許容する覚悟を持って、できる範囲から取り組むことが、日本の演劇界にも求められる。少しずつでも、こうしたやり方の実績を積んでいかないと、いつまでたっても世界の最高水準にはたどり着けない。

column

ブロードウェイの制作過程

ブロードウェイの作品の制作は次のようなステップを踏む。まずは脚本ができた段階で、地方都市の劇団などにテスト上演をしてもらう。これで、演出やダンス、振り付けに、狙った通りの効果があるかを確かめる。この段階でうまくいかないと、投資家の被害額を小さくするためにプロジェクトが解散することもある。

次の段階はアウト・オブ・タウン・プロダクションと呼ばれる。中規模程度の都市で何度も上演し、観客の反応を見ながら徐々にクオリティを上げていく。2〜3都市でそれぞれ3週間ほど公演し、ブロードウェイでの公開に足りる品質に達したと判断したら、投資家に声をかけて上演に必要な資金を調達する。

ブロードウェイでのデビューもいきなり本番になるわけではない。まずはプレビューと呼ばれる期間が2〜3週間続く。チケットは販売するものの手直しが何度も入るほか、評論家がレビューを書くために訪れるのもこの時期である。こうして迎えた公演初日には、レッドカーペットをあしらった会場に大勢の関係者を招き、終演後にはアフターパーティを盛大に催す。その間にショーの批評を載せた新聞の早刷りやテレビのニュースなどが届いて、どれくらい当たりそうかの目安がつくことになる。

演劇の文化を根付かせる

米国と日本の間には、演劇を取り巻く社会環境の違いもある。端的にいえば、米国では演劇の制作や鑑賞に関わる人の裾野が格段に広い。

米国では、人口が1万人にも満たない地方都市でも、地元の高校を核にして学生と保護者、コミュニティーの演劇クラブのメンバーが、ブロードウェイ作品が原作の演劇を企画し、手頃なチケット価格でセミプロ級の公演を年間を通して数回実施したりする。この場合にも、アマチュア・ライセンスと呼ばれる著作権使用料が支払われる。

こうした体験を経た高校生が大学の演劇学部に進学し、大学でも同様な有償興行に携わった後に、ニューヨークやシカゴ、ロサンゼルス、ラスベガスなどで開かれる、演劇のオーディションに応募する仕組みが出来上がっている。基礎を学んだ演者が多いだけでなく、子どもの頃から家族が出演する演劇を見た原体験を持つ人口の比率が高いのである。

当然ながら、こうした環境は一朝一夕に出来上がるものではない。国内の演劇を成長させるには、各地における劇場の整備はもとより、草の根演劇の啓蒙プログラムを、自治体や学校を拠点に活性化することも不可欠だろう。

第6章 演劇

まずはチケット販売の改善から

普段から気軽に演劇を楽しめる環境づくりも大切である。ストリーミングによる演劇中継が広がった今は、日本でも演劇に親しむ人を増やせる好機かもしれない。

国内の観劇環境には改善の余地が大きい。例えばチケットの販売方法である。第4章でも指摘したように（「いまだに紙のチケット」参照）、紙のチケットを店頭や郵送で受け取る方法が幅を利かせていることは演劇でも同様である。オンラインで買ったチケットをスマートフォンで受け取って入場できるようにしたり、座席の指定や簡単な転売の手段などを整備したりするのは喫緊の課題といっていい。このほか集客を促すためには、座席ごとに価格を変えるだけでなく、人気に応じて価格を変動させる、いわゆるダイナミック・プライシングの導入も必要だろう。

チケットを販売する劇団や劇場の側にも工夫が求められる。米国では、1シーズンの間に複数回の公演を観劇できる「シーズンチケット」を販売する劇場が少なくない。個別に買うよりも安価になる上、シーズンを通して同じ席で観劇できたり、他の公演のチケットと交換できたりもする。ブロードウェイの全米ツアーでは、「ブロードウェイシリーズ」の名称で販売されたシーズンチケットを使って鑑賞した観客が全体の39％にも達する

（2017〜2018年シーズンの実績）[33]。

米国ではシーズンチケットに対する法人の需要も大きい。保険代理店や高級車のディーラーなどが購入し、顧客サービスの一環として配布するのである。日本でも、人気の演目が地元の劇場で定期的に上演され、シーズンチケットの制度が導入されれば、個人の演劇ファンに朗報なだけでなく、高所得者層向けの各種事業の特典としても活用されそうだ。こうした特典を利用した観客の中から、さらなる演劇ファンが生まれることも期待できよう。

一部マニアの趣味から脱却を

日常的な観劇を促す要件が整っている米国と比べ、日本ではいまだに俳優自身や関係者がチケットを売る場合も少なくないようだ。日本芸術文化振興会の調べでは、助成を受けた演劇が対象であることも手伝ってか、回答者の28％がチケットの購入先として「出演者・関係者」と答えている（無回答を除いて集計）[23]。演劇の主催者側にチケットバック（出演者が販売した枚数に応じた金額を受け取る）やチケットノルマ（出演者に販売枚数のノルマが設定され、達成できないと自分で支払う）の制度が色濃く残ることを反映したとみられる。

上演の告知が行き届かないといった面もあろうが、このままでは演劇は一部のマニアの間に閉じた趣味で終わってしまう。観劇の文化を広く浸透させるためにも、ＩＴを駆使した上演の告知、チケット購入、入場方式の進化に期待したい。

参考文献

▶プロローグ

[1] D. FitzGerald et al., "AT&T Agrees to Merge Its WarnerMedia Assets With Discovery, " *The Wall Street Journal*, May. 17, 2021.

[2] A. Pressman, "Why AT&T's $67 billion DirecTV acquisition is now worth only $16 billion," *Fortune,* Feb. 26, 2021.

[3] B. Stelter, "Hulu Owners Call Off Sale, Instead Pledging to Invest to Take On Rivals," *The New York Times*, Jul. 12, 2013.

[4] A. Westfall, "Hawaii AT&T workers say company urged them to use unethical tactics — and then fired them, " *Hawaii News Now*, Jun. 22, 2018.

[5] AT&T, "AT&T to Acquire Time Warner, " Oct. 22, 2016.

[6] D. Bartz et al., "U.S. Justice Department will not appeal AT&T, Time Warner merger after court loss," *Reuters*, Feb. 27, 2019.

[7] MPAA, *2018 Theme Report*, 2018.

[8] Centers for Disease Control and Prevention, "United States Coronavirus (COVID-19) Death Toll Surpasses 100,000," May 28, 2020.

[9] G. Szalai et al., "HBO Max Reaches 37.7M, Including 17.2M "Activated," Subscribers," *The Hollywood Reporter*, Jan. 27, 2021.

[10] S. Sengwe, "Netflix Surpasses 200 Million Global Paid Subscribers At End of 2020," *The Streamable*, Jan. 19,2021.

[11] C. Gartenberg, "Disney Plus hits 94.9 million subscribers, beating its four-year goal in 14 months," *The Verge*, Feb. 11, 2021.

[12] E. Schwartzel et al., "Warner Bros. to Release All 2021 Films on HBO Max and in Theaters Simultaneously," *The Wall Street Journal*, Dec. 3, 2020.

[13] A. B. Vary et al., "With 'Mulan,' Disney Tests Out Entirely New Early VOD Model," *Variety,* Aug. 4, 2020.

[14] L. Richwine, "AMC Theatres, Universal reach deal to bring new movies to homes earlier," *Reuters*, Jul. 29,2020.

[15] R. Rubin, "How HBO Max Became 'Wonder Woman 1984's' Best Option," *Variety*, Nov. 19, 2020.

[16] R. T. Watson, "Want to Be a Hollywood Player? Covid and Streaming Have Changed All the Rules," *The Wall Street Journal*, Jan. 21, 2021.

[17] R. Faughnder, "Theaters or HBO Max? Warner Bros. movie plans take shape as Discovery merger looms," *Los Angeles Times*, Jun. 8, 2021.

[18] The Numbers, "Domestic Movie Theatrical Market Summary 1995 to 2021," https://www.the-numbers.com/market/

[19] E. Lee et al., "HBO Must Get Bigger and Broader, Says Its New Overseer," *The New York Times*, Jul. 8, 2018.

[20] E. Vlessing, "AT&T CEO Says WarnerMedia to Pull TV Shows From Rivals as Streaming Service Launches," *The Hollywood Reporter*, May 14, 2019.

[21] J. Alexander, "WarnerMedia takes $1.2 billion revenue hit in hopes that HBO Max pays off in the long run," *The Verge*, Jan. 29, 2020.

[22] J. Flint, "HBO CEO Resigning Amid AT&T

Restructuring," *The Wall Street Journal*, Feb. 28, 2019.
[23] T. Spangler, "Netflix Projected to Spend More Than $17 Billion on Content in 2020," *Variety*, Jan. 16, 2020.
[24] R. Faughnder, "AT&T's WarnerMedia begins new round of layoffs amid reorganization," *Los Angeles Times*, Nov. 10, 2020.
[25] M. Dent, "AT&T's "Cowboy Swagger" Led to Its Hollywood Misadventure," *Texas Monthly*, May 18, 2021.
[26] L. Dignan, "AT&T paying Apple $3 a month for every iPhone customer?," *ZDNet*, Jul. 19, 2007.
[27] L. Dormehl, "Today in Apple history: iPhone comes to Verizon at last," *Cult of Mac*, Feb. 3, 2011.
[28] A. Troianovski, "AT&T Hangs Up on T-Mobile," *The Wall Street Journal*, Dec. 20, 2011.
[29] D. FitzGerald, "AT&T Gets a Do-Over. But It Doesn't Have Much Time," *The Wall Street Journal*, May 18, 2021.

▶第1章

[1] 北谷、『エンターテインメント・ビジネスの未来２０２０－２０２９』、日経ＢＰ、２０１９年12月.
[2] N. Corasaniti, "Bruce Springsteen Reopens Broadway, Ushering In Theater's Return," *The New York Times*, Jun. 27, 2021.
[3] R. Bruner, "The Livestream Show Will Go On. How COVID Has Changed Live Music—Forever," *Time*, Mar. 30, 2021.
[4] B. Dowsett, "How NBA 2K And Esports Are Filling Voids Left By The Coronavirus Outbreak," *Forbes*, May 4, 2020.
[5] MLB, "MLB The Show Players League games to air on ESPN, ESPN2, FS1 & MLB Network," Apr. 24, 2020.
[6] ViacomCBS, "Bringing The NFL to A New Generation of Fans," Jan. 8, 2021.
[7] D. Friend, "How streaming watch parties are boosting new viewing platforms," *The Globe and Mail*, Jan 19, 2021.
[8] Ｈｕｌｕ、「歌舞伎本興行史上初！「初春海老蔵歌舞伎」１／17千穐楽公演をＨｕｌｕストアにてライブ配信決定」、２０２１年１月３日.
[9] 各氏のユーチューブチャンネル、２０２１年７月１日時点.
[10] R. Sun, "UTA Acquires Influencer Firm Digital Brand Architects," *The Hollywood Reporter*, Feb. 5, 2019.
[11] H. Hsu, "Post Malone's White-Rapper Blues," *The New Yorker*, May 7, 2018.
[12] A. R. Chow, "'It Feels Like I'm Chosen to Do This.' Inside the Record-Breaking Rise of Lil Nas X," *Time*, Aug. 15, 2019.
[13] 藤生、「ヒット曲「香水」生んだ音楽Ｄ２Ｃ 独立系、自ら配信 進む「音楽の民主化」」、日本経済新聞電子版、２０２０年９月７日.
[14] 「【ビルボード２０２０年年間ＨＯＴ１００】ＹＯＡＳＯＢＩ「夜に駆ける」史上初のＣＤリリースなしで年間総合首位を獲得」、Billboard Japan、２０２０年12月４日.
[15] KPMG, "Johan Cruijff Arena 'smart' stadium", https://home.kpmg/xx/en/home/insights/2020/07/client-story-johan-cruijff-arena.html
[16] "Johan Cruijff Arena Testbed for 'Groundbreaking'

COVID-19 Research," *TheStadiumBusiness News*, Dec. 4, 2020.

［17］木村、「シートメーカーが仕掛ける下剋上、自動運転車の開発競う」、日経クロステック、2019年5月22日.

［18］ホイジンガ著、里見訳、『ホモ・ルーデンス 文化のもつ遊びの要素についてのある定義づけの試み』、講談社学術文庫、2018年3月.

［19］PwC, *Global Entertainment & Media Outlook 2021-2025*, Jul., 2021.

［20］PwC, *PwC 2021 Sports Outlook*, 2021.

［21］「6G開発、日米で巻き返し　対中国念頭に計4900億円投資」、日本経済新聞電子版、2021年4月17日.

［22］清水ほか、「ソニー、PS5とVR連動　純利益1兆円へカギ握るゲーム」、日本経済新聞電子版、2021年4月19日.

［23］S. Ovide, "V.R. Is Not a Hit. That's OK.," *The New York Times*, Jan. 5, 2021.

［24］奥平、「フェイスブック、スマートグラス「2段階で」」、日本経済新聞電子版、2021年4月9日.

［25］S. E. Needleman et al., "Facebook, Apple and Niantic Bet People Are Ready for Augmented-Reality Glasses," *The Wall Street Journal*, Apr. 6, 2021.

［26］Technavio, "Augmented Reality (AR) and Virtual Reality (VR) Market to grow by USD 162.71 Billion | Key Drivers and Market Forecasts | 17000+ Technavio Research Reports," Jun. 7, 2021.

［27］A. Benveniste, "The first-ever tweet sold as an NFT for $2.9 million," *CNN Business*, Mar. 23, 2021.

［28］A. Steele, "Musicians Turn to NFTs to Make Up for Lost Revenue," *The Wall Street Journal*, Mar. 23, 2021.

［29］Deloitte Insights, *Digital media trends survey, 15th edition*, 2021.

［30］ビデオリサーチACR／ex事業推進部、「『コロナ禍』における生活者意識調査」、2020年10月.

［31］K. Buchanan, "The Russo Brothers: Even We Have a Hard Time Getting Small Films Made," *The New York Times*, Jun. 24, 2019.

［32］ニールセンデジタル、「Z世代とのコミュニケーションでは、動画とソーシャルネットワークの活用方法の把握が重要～ニールセン　Z世代とミレニアル世代のメディア消費状況を発表～」、2021年2月25日.

［33］A. Silverman, "The Sports Industry's Gen Z Problem," Morning Consult, Sept. 28, 2020.

［34］D. Oh, "Why the NBA, NHL, MLS, and NFL Are In On Esports," *Front Office Sports*, Feb. 2018.

［35］Q. Wong, "Twitter, NFL and Bud Light say fans will be able to celebrate a touchdown virtually with players," *CNET*, Sept. 8, 2020.

［36］S. Berkman, "N.B.A. Brings Flash to E-Sports, but Can It Hold On to Its Viewers?," *The New York Times*, Aug. 29, 2020.

［37］J. Flint, "Amazon to Buy MGM, Bagging a Lion to Help Wage Streaming Battle," *The Wall Street Journal*, May 26, 2021.

［38］B. Katz, "How Much Does It Cost to Fight in the Streaming Wars?," *Observer*, Oct. 23, 2019.

［39］MPA, *THEME Report 2020*, Mar. 18, 2021.

［40］J. Alexander, "Streaming was part of the future — now it's the only future," *The Verge*, Oct. 28, 2020.

［41］B. Katz, "Here's How Much Hollywood's Major Players Expect to Spend in 2021," *Observer*, May 27, 2021.

［42］N. Jarvey, "Disney+ Passes 100 Million Paid Subscribers," *The Hollywood Reporter*, Mar. 9, 2021.

［43］A. Weprin, "Amazon Prime Passes 200 Million Subscribers," *The Hollywood Reporter*, Apr. 15, 2021.

［44］J. Adalian, "Inside the Binge Factory," *Vulture*, Jun. 11, 2018.

［45］J. Basilico, "Recent Trends in Personalization at Netflix," Slide Share, Sep. 24, 2020.

［46］"Netflix is missing out on $8B-$14B by rejecting advertising, says analyst," *CNBC.com*, Jun. 23, 2021.

［47］Deloitte Insights, *Digital media trends survey, 14th edition*, 2020.

［48］J. Vincent, "Amazon's game streaming service Luna is opening access to all Prime members June 21 and 22," *The Verge*, Jun. 14, 2021.

［49］M. Grossman, "Google to Open Its First Permanent Retail Store This Summer in New York City," *The Wall Street Journal*, May 20, 2021.

［50］D. Sebastian, "Waymo Raises $2.5 Billion in Funding Round," *The Wall Street Journal*, Jun. 16, 2021.

［51］Reuters, "Amazon agrees to buy self-driving technology startup Zoox," Jun. 26, 2020.

［52］R. Bellan, "Apple confirms hiring of Ulrich Kranz, former CEO of EV company Canoo," *TechCrunch*, Jun. 11, 2021.

［53］D. McCabe et al., "Biden Names Lina Khan, a Big-Tech Critic, as F.T.C. Chair," *The New York Times*, Jun. 15, 2021.

［54］S. Schechner et al., "Google Faces EU Antitrust Probe of Alleged Ad-Tech Abuses," *The Wall Street Journal*, Jun. 22, 2021.

［55］C. Kang et al., "Antitrust Overhaul Passes Its First Tests. Now, the Hard Parts.," *The New York Times*, Jun. 24, 2021.

［56］C. Kang, "Judge Throws Out 2 Antitrust Cases Against Facebook," *The New York Times*, Jun. 28, 2021.

［57］インプレス、「有料の動画配信サービス利用率は25．6％、コロナ禍で動画視聴スタイルが激変『動画配信ビジネス調査報告書２０２１』」、２０２１年５月20日．

［58］ジェムパートナーズ、「〈動画配信（ＶＯＤ）市場規模〉２０２０年ＶＯＤ市場全体は前年比33．１％増の３、８９４億円、ＳＶＯＤ市場では「Netflix」が２位以下をさらに引き離して２年連続Ｎｏ．１」、２０２１年２月17日．

［59］日本レコード協会、「２０２０年音楽配信売上は７８３億円で７年連続プラス成長、３年連続２桁増を達成」、２０２１年３月10日．

［60］ＩＣＴ総研、「２０２０年 定額制音楽配信サービス利用動向に関する調査」、２０２０年11月13日．

［61］日本テレビホールディングス、「新しい成長戦略について」、２０２０年11月５日．

［62］「ソニー、試作ＥＶの５Ｇ走行実験　自動運転の通信性能検証」、日本経済新聞電子版、２０２１年４月21日．

［63］C. Tsuneoka, "The World Is Watching More Anime – and Streaming Services Are Buying," *The Wall Street Journal*, Nov. 14, 2020.

[64] 安成、「『日本のコンテンツは世界中で人気』は「日本人の思い込みに過ぎない」という不都合な現実……タイで目撃した「韓流の強さ」と日本人の「自己陶酔」ぶり」、週間エコノミストＯｎｌｉｎｅ、２０２０年11月13日.

▶第２章

[1] E. Gardner, "Scarlett Johansson's 'Black Widow' Lawsuit Is Game-Changing, But May Be Legally Weak," *The Hollywood Reporter*, Jul. 30, 2021.

[2] K. Kilkenny, "SAG-AFTRA President: Disney Using "Gender-Shaming and Bullying" Tactics Over Scarlett Johansson Lawsuit," *The Hollywood Reporter*, Aug. 6, 2021.

[3] S. Mendelson, "Box Office: Can The Multiplex Survive With A 45-Day Theatrical Window?," *Forbes*, May 20, 2021.

[4] R. Faughnder, "Theaters or HBO Max? Warner Bros. movie plans take shape as Discovery merger looms," *Los Angeles Times*, Jun. 8, 2021.

[5] D. Gura, "Barry Diller Headed 2 Hollywood Studios. He Now Says The Movie Business Is Dead," *NPR*, Jul. 8, 2021.

[6] J. Fuster, "'Black Widow' Proves That Disney's Theaters + Paid Streaming Strategy Works | Analysis," *The WrapPRO*, Jul. 11, 2021.

[7] digital TV research, "Global SVOD Forecasts," May 2021.

[8] A. Weprin, "Netflix, Spotify Need to Offer "More and More Services" to Avoid Churn, LionTree CEO Says," *The Hollywood Reporter*, Jun. 18, 2021.

[9] T. Spangler, "Netflix Growth Sputters in Q2, Streamer Plans to Launch Video Games for No Extra Charge," *Variety*, Jul. 20, 2021.

[10] T. Spangler, "Netflix Launches Its Own Online Store, Which Will Sell Exclusive Merch for Shows Like 'Stranger Things,' 'Witcher'," *Variety*, Jun. 10, 2021.

[11] K. Webb et al., "How to get the Disney Plus bundle with ESPN+ and the different versions of Hulu," *Business Insider*, May 28, 2021.

[12] M. Saltzman, "How to Get Video on Demand for Free," AARP, Apr. 5, 2021.

[13] J. Basilico, "Recent Trends in Personalization at Netflix," Slide Share, Sep. 25, 2020.

[14] American Customer Satisfaction Index, Video Streaming Service, https://www.theacsi.org/industries/telecommunications-and-information/video-streaming

[15] オリコン、「２０２０年 オリコン顧客満足度調査 満足度の高い『定額制動画配信』ランキング発表」、２０２０年11月２日.

[16] The Numbers, "Market Share for Each Genre," Nash Information Services, LLC., https://www.the-numbers.com/market/genres

[17] The Numbers, "Market Share for Each Distributor," Nash Information Services, LLC., https://www.the-numbers.com/market/distributors

[18] M. Ball, "The Impact of COVID-19 on the Movie/Theater Industry," *MatthewBall.vc*, Mar. 29, 2020.

[19] K. Buchanan, "How Will the Movies (As We Know Them) Survive the Next 10 Years?," *The New York Times*, Jun. 20, 2019.

［20］ M. Fleming Jr., "'Mean Streets,' 'Taxi Driver,' 'Raging Bull,' 'Goodfellas' & 'The Irishman:' Martin Scorsese Talks His Great Robert De Niro Films," *Deadline*, Feb. 1, 2020.

［21］ J. Adalian, "Inside the Binge Factory," *Vulture*, Jun. 11, 2018.

［22］ "List of Interactive Movies & Series on Netflix," *What's on Netflix*, Apr. 22, 2021.

［23］ K. Eriksen, "Why Virtual Production Benefits Filmmaking in a Pandemic," *Variety*, May 13, 2021.

［24］ 清宮、「サイバーエージェント、著名人を「デジタルツイン」。第1弾は冨永愛」、Impress Watch、２０２１年８月３日.

［25］ C. Newton, "Mark in the metaverse:Facebook's CEO on why the social network is becoming 'a metaverse company'," *The Verge*, Jul. 22, 2021.

［26］ K. Tran, "The State of Streaming 2021: Netflix, Prime Video, Disney+, Paramount+, Discovery+ & More," *Variety*, Aug. 2, 2021.

［27］ J. Poniewozik, "'Orange Is the New Black' Taught Us What Netflix Was For," *The New York Times*, Jul. 17, 2019.

［28］ K. Buchanan, "The Russo Brothers: Even We Have a Hard Time Getting Small Films Made," *The New York Times*, Jun. 24, 2019.

［29］ B. Mullin, "Quibi Was Supposed to Revolutionize Hollywood. Here's Why It Failed.," *The Wall Street Journal*, Nov. 2, 2020.

［30］ J. Alexander, "11 reasons why Quibi crashed and burned in less than a year," *The Verge*, Oct. 22, 2020.

［31］ N. Sun, "Alibaba, Baidu and Tencent learn Netflix lessons in content fight," *Nikkei Asia*, Jun. 1, 2021.

［32］ 北谷、『エンターテインメント・ビジネスの未来２０２０-２０２９』、日経ＢＰ、２０１９年12月.

［33］ J. Beer, "Inside the secretly effective–and underrated–way Netflix keeps its shows and movies at the forefront of pop culture," *Fast Company*, Feb. 28, 2019.

［34］ D. Zinski, "Bright: David Ayer on Creative Freedom Outside of Hollywood," *Screen Rant*, Jul. 20, 2017.

［35］ T. Albright, "Samsung largest direct view cinema screen in U.S. installed," *AVNation*, Jun. 19, 2019.

［36］ M. Balderston, "Best movie theater subscription deals," *What to Watch*, Jun. 8, 2021.

［37］ B. Toy, "The Future of Movie Theaters," Riveron Consulting, May 11, 2021.

▶第３章

［1］ L. Rizzo et al., "NBC Draws Its Lowest Summer Olympics Ratings Ever for Tokyo Games," *The Wall Street Journal,* Aug. 9, 2021.

［2］ T. Hsu, "NBC Tries to Salvage a Difficult Olympics," *The New York Times*, Aug. 5, 2021.

［3］ アライド・ブレインズ、「放送コンテンツ等に関する権利処理の円滑化と権利者への適切な対価還元に係る諸外国の著作権制度及びライセンシング環境に関する調査研究【報告書】」、文化庁のウェブサイト、２０２０年３月.

［4］ Nielsen, "The Gauge Shows Streaming is Taking a Seat at the Table," Jun. 17, 2021.

［5］ J. Alexander, "Streaming was part of the future — now it's

the only future," *The Verge*, Oct. 28, 2020.
[6] 佐藤、「米ディズニー、海外向け新動画配信　日本は21年後半に」、日本経済新聞電子版、2020年12月11日.
[7] W. Friedman, "Fox Corp. Won't Take On Big Media's SVOD Platforms, Looks To AVOD," *TelevisionNewsDaily*, Mar. 5, 2021.
[8] J. C. Chan, "Why Are Streaming Platforms Crashing Before Popular Finales?," The *Hollywood Reporter*, Jun. 18, 2021.
[9] D. Temkin "Charting a course towards a more privacy-first web," Google Ads & Commerce Blog, Mar. 3, 2021.
[10] R. Benes, "Linear addressable TV ad spending will grow 33.1% this year," eMarketer, May 11, 2021.
[11] S. Kovach, "YouTube is a proven juggernaut that rivals Netflix in the streaming wars," *CNBC*, Jul. 28, 2021.
[12] "ViacomCBS Saw Paramount+ Streaming Revenue Jump 92 Percent in Q2," *cheddar news*, Aug. 5, 2021.
[13] K. Gilblom, "Product Placement, Now Starring in the Streaming Era," *Bloomberg*, Jul. 21, 2021.
[14] A. Wilkins, "Product placement could soon be added to classic films," *Metro*, Apr. 21, 2021.
[15] T. Hsu, "Netflix Is Ad Free, but It Isn't Brand Free," *The New York Times*, Dec. 16, 2019.
[16] D. Hayes, "Ominous Sign For Media And Tech Rivals? Amazon Is Seeing "Incredible Success" With Early "T-Commerce" Efforts, Exec Albert Cheng Says, " *DEADLINE*, Mar. 10, 2021.
[17] S. Shah, "Amazon begins selling NFL merch after securing Thursday Night Football deal," *engadget*, Mar. 25, 2021.
[18] M. Berg, "Fenty's Fortune: Rihanna Is Now Officially A Billionaire," *Forbes*, Aug. 4, 2021.
[19] K. Masters, "Amazon Live Video Shows Us The Future Of E-Commerce," *Forbes*, Nov. 16, 2020.
[20] TDG Research, "TDG: Watch Parties Get a Foothold During the Pandemic," Mar. 30, 2021.
[21] W. Geyser, "10 Top Twitch Extensions Every Streamer Should Know About," *Influencer MarketingHub*, Mar. 18, 2021.
[22] B. Stelter, "CNN announces CNN+, 'most important launch for network since Ted Turner'," *CNN Business*, Jul. 19, 2021.
[23] G. Boyer et al., "After a boom year in video streaming, what comes next?," PwC, 2021.
[24] 日本テレビホールディングス、「新しい成長戦略について」、2020年11月5日.
[25] K. Sutton, "Comcast and ViacomCBS Team Up on International Streaming Service, SkyShowtime," *Adweek*, Aug. 18, 2021.
[26] 中原、「日テレが、Ｈｕｌｕ買収で仕掛ける「動画革命」」、東洋経済ＯＮＬＩＮＥ、２０１４年３月14日.
[27] 井上、「民放キー局が「ＴＶｅｒ」に任せた２つの大役と不安」、東洋経済ＯＮＬＩＮＥ、２０２１年７月４日.
[28] 北谷、『エンターテインメントビジネスの未来２０２０-２０２９』、日経ＢＰ、２０１９年12月.
[29] 杉本、「ネット興亡記【４】近鉄・フジ ライブドア破滅への買収劇」、日本経済新聞電子版、２０１８年10月４日.

[30]「ルポ迫真 幻のフジテレビ買収 楽天・三木谷浩史」、日本経済新聞電子版、2013年1月11日.

[31] 渡辺、「全国初の県域FM倒産、「radiko」で競争激化も」、日本経済新聞電子版、2020年11月13日.

[32] ジャパンエフエムネットワーク、「株式会社interFM897の全株式を 株式会社ジャパンエフエムネットワークが取得」、2020年9月1日.

[33] 田中、「民放AMラジオ44局が2028年秋までにFM化へ、在京3局はAM停波も目指す」、日経クロステック、2021年6月15日.

[34]「コロナ禍でラジオが復権!?. 民放ラジオ業界70年の歴史を塗り替えたradiko（ラジコ）の「共存共栄型DX」とは」、Digital Shift Times、2021年7月8日.

[35] 文化庁、「令和3年通常国会 著作権法改正について」. https://www.bunka.go.jp/seisaku/chosakuken/hokaisei/r03_hokaisei/

[36] 井上、「民放が「ネット同時配信」でもたつく根本理由」、東洋経済ONLINE、2020年9月14日.

[37] 規制改革推進会議、「規制改革推進に関する答申」、2020年7月2日.

▼第4章

[1] IFPI, Global Music Report 2021, Mar. 2021.

[2] T. Ingham, "Universal Music Group posted almost $1bn in EBITDA profit in the first half of 2021," *Music Business Worldwide*, Jul. 28, 2021.

[3] T. Ingham, "Sony's recorded music revenues jumped by $451m YoY in calendar Q2, as streaming revenues rose 50.2%," *Music Business Worldwide*, Aug. 4, 2021.

[4] M. Stassen, "S Warner made $192m more YoY from streaming in calendar Q2 compared to last year," *Music Business Worldwide*, Aug. 3, 2021.

[5] 日本レコード協会、「生産実績・音楽配信売上実績合計金額推移」、https://www.riaj.or.jp/f/data/annual/total_m.html

[6] Spotify, "Five Things to Know About Spotify HiFi," Feb. 22, 2021.

[7] Spotify, "Spotify's Anchor Innovations Are Bringing the Future of Audio to the Present," Feb. 22, 2021.

[8] S. Perez, "Facebook introduces a new miniplayer that streams Spotify from the Facebook app," *TechCrunch*, Apr. 26, 2021.

[9] S. Dredge, "Spotify gets into livestreaming with Drift partnership," *Music Ally*, May 19, 2021.

[10] S. Perez ほか、「Spotify がラジオDJ風の番組フォーマットを拡大「Music + Talk」としてグローバル展開、日本でも利用可能」、TechCrunch、2021年8月19日.

[11] M. Singleton, "Apple Acquires Classical Streaming Service Primephonic," *Billboard*, Aug. 30, 2021.

[12] T. Ingham, "Spotify is making its own records... and putting them on playlists," *Music Business Worldwide*, Aug. 31, 2016.

[13] D. Deahl et al., "What's really going on with Spotify's fake artist controversy," *The Verge*, Jul. 12, 2017.

[14] J. Fergus, "Spotify could soon replace real artists with AI music," *INPUT*, Dec. 8, 2020.

[15] 柴、「日本の「シティ・ポップ」世界的人気のナゼ…

現象の全貌が見えてきた」、現代ビジネス、2021年3月27日.
[16] 金野、「【コラム】Spotify for Artists の活用方法を深く理解する－プレイリストに入るためには?-」、BIG UP!zine、2020年11月17日.
[17] Spotify for Artists, "Welcome to the Family, SoundBetter," Sep. 12, 2019.
[18] A. Nicolaou, "Music labels split over Spotify's push to promote songs for lower royalties," *Financial Times*, Jul. 29, 2021.
[19] L. Aguiar et al., "Platforms, Promotion, and Product Discovery: Evidence from Spotify Playlists," The European Commission's science and knowledge service, 2018.
[20] スポティファイが米国証券取引委員会（SEC）に提出した資料、2018年2月28日、https://www.sec.gov/Archives/edgar/data/1639920/000119312518063434/d494294df1.htm
[21] スポティファイのウェブサイトの企業情報（2021年6月時点）、https://newsroom.spotify.com/company-info/
[22] R. Crupnick, "Music Discovery Is Entering New Age, With Streaming at the Helm," *Billboard*, Jun. 15, 2021.
[23] Y. Bagal, "Pop Music in the Attention Economy," *Medium*, Apr. 10, 2019.
[24] W. Page, "The music industry makes more money but has more mouths to feed," *Financial Times*, Feb. 19, 2021.
[25] T. Ingham, "Over 66% of all music listening in the US is now of catalog records, rather than new releases," *Music Business Worldwide*, Jul. 13, 2021.
[26] スポティファイの「Loud&Clear」のウェブサイト、https://loudandclear.byspotify.com
[27] M. Mulligan, "Global music subscriber market shares Q1 2021," *MIDiA Research*, Jul. 9, 2021.
[28] S. Dredge, "What are user-centric music streaming payouts? Start here...," *Music Ally*, May 13, 2020.
[29] S. Dredge, "SoundCloud goes user-centric with its 'fan-powered royalties'," *Music Ally*, Mar. 2, 2021.
[30] M. Stassen, "What the major record companies really think about the economics of music streaming," *Music Business Worldwide*, Feb. 23, 2021.
[31] T. Ingham, "Social Media, Not Streaming, Is the Music Industry's Future," *Rolling Stone*, Dec. 2, 2020.
[32] J. Aswad, "TikTok Strikes Licensing Deal With Sony Music Entertainment," *Variety*, Nov. 2, 2020.
[33] A. Silberling, "Snap makes a deal with Universal Music Group, adding its catalog to Sounds," *TechCrunch*, Jun. 25, 2021.
[34] "TikTok overtakes YouTube for average watch time in US and UK," *BBC News*, Sep. 6, 2021.
[35] 「ミュージシャン向けパトレオン」のウェブサイト、https://www.patreon.com/ja-JP/c/music
[36] B. Sisario, "Can Streaming Pay? Musicians Are Pinning Fresh Hopes on Twitch.", *The New York Times*, Jun. 16, 2021.
[37] W. Page, "Twitch's Rockonomics", https://www.twitchrockonomics.com
[38] 藤村、「クリエーターがけん引するSNS「稼げる」仕組み作り　新経済圏に」、日本経済新聞電子版、2021年3月11日.

[39] A. Steele, "Musicians Turn to NFTs to Make Up for Lost Revenue," *The Wall Street Journal*, Mar. 23, 2021.

[40] T. Cirisano, "The Revolution Will Be Digitized: How RAC Is Using NFTs to Empower Artists," *Billboard*, May 4, 2021.

[41] E-Y. Jeong, "Why BTS Runs the World," *The Wall Street Journal*, Nov. 12, 2020.

[42] J. Benjamin, "What Does It Take for a K-Pop Band to Blow Up in South America?," *The New York Times Magazine*, May 4, 2017.

[43] SOCIAL 50, *Billboard*, https://www.billboard.com/charts/social-50

[44] B. Dooley et al., "BTS's Loyal Army of Fans Is the Secret Weapon Behind a $4 Billion Valuation," *The New York Times*, Oct. 14, 2020.

[45] C. Kelley, "Meet the BTS Fan Translators (Partially!) Responsible for the Globalization of K-pop," *Billboard*, Dec. 21, 2017.

[46] 西山、「なぜ日本にＢＴＳが生まれないのか。ＮＡＶＥＲが生んだライブ配信アプリの〝世界戦略〟」、Business Insider Japan、２０１９年１月９日.

[47] BTS ARMY CENSUS, "2020 RESULTS", https://www.btsarmycensus.com/results

[48] Guinness World Records, "Most viewers for a music concert live stream on a bespoke platform," https://www.guinnessworldrecords.com/world-records/621003-most-viewers-for-a-music-concert-live-stream

[49] T. Ingham, "BTS helped Big Hit's annual revenues jump 36% to $676m in 2020... despite the pandemic," *Music Business Worldwide*, Feb. 23, 2021.

[50] K. Rosenblatt, "The year of the stan: How the internet's super fans went from pop stars to politics," *NBC News*, Dec. 24, 2020.

[51] J. Coscarelli, "How Pop Music Fandom Became Sports, Politics, Religion and All-Out War," *The New York Times*, Dec. 25, 2020.

[52] S. Borowiec, "Business of K-pop: Inside the pandemic-proof empire of BTS," *Nikkei Asia*, Jun. 2, 2021.

[53] "Regulator OKs Naver-Hybe's deal to merge K-pop fan community platform service," *Yonhap News*, May 13, 2021.

[54] S. Halperin, "BTS Label Owner HYBE Merges With Scooter Braun's Ithaca Holdings for $1 Billion," *Variety*, Apr. 2, 2021.

[55] S. Hissong, "A BTS-Backed Social Network for Fandoms Wants to Revolutionize Stan Culture," *Rolling Stone*, Aug. 18, 2021.

[56] 横田、「韓国のテック×エンタメ戦略　協業で世界標準目指す」、日本経済新聞電子版、２０２１年５月14日.

[57] C. Newton, "Mark in the metaverse:Facebook's CEO on why the social network is becoming 'a metaverse company'," *The Verge*, Jul. 22, 2021.

[58] 奥平、「Facebook、仮想空間で会議　「メタバース」で先行へ」、日本経済新聞電子版、２０２１年８月19日.

[59] M. Ball, "The Metaverse: What It Is, Where to Find it, Who Will Build It, and Fortnite," *MatthewBall.vc*, Jan. 13, 2020.

[60] T. Spangler, "'Fortnite' Will Livestream Three Christopher Nolan Movies for Free," *Variety*, Jun. 24, 2020.

[61] K. Roose, "I Joined a Penguin NFT Club Because Apparently That's What We Do Now," *The New York Times*, Aug. 12, 2021.
[62] I. Liffreing, "How video games are emerging as essential platforms for music marketing," *Ad Age*, Aug. 17, 2021.
[63] S. Liao, "Ariana Grande performs in concert in 'Fortnite'," *The Washington Post*, Aug. 6, 2021.
[64] J. Aswad, "Sony Unveils 'Immersive Reality' Concert Experience With Madison Beer at CES," *Variety*, Jan. 11, 2021.
[65] L. Havens, "Billie Eilish Blows Minds With 'Where Do We Go?' Livestream: Recap," *Billboard*, Oct. 24, 2020.
[66] J. Aswad, "Dua Lipa's 'Studio 2054' Livestream Draws a Whopping 5 Million-Plus Views," *Variety*, Nov. 30, 2020.
[67] ツイッチのマシュー・キイチ・フィーフィー（matthewkheafy）のページ、https://www.twitch.tv/matthewkheafy
[68] Ticketmaster, "Ticketmaster Introduces 'SmartEvent' Solutions to Help Events Welcome Back Fans," Oct. 29, 2020.
[69] Live Nation Entertainment, "Veeps Equips 60+ Live Nation Venues So Artists Can Livestream Any Show At Any Time, With First Concert Series Debuting In May," Apr. 13, 2021.
[70] "Globe-shaped MSG Sphere project marks milestone in Las Vegas," *AP News*, Jun. 19, 2021.
[71] ぴあ総研、「２０２０年の有料型オンラインライブ市場は４４８億円に急成長。～ポスト・コロナ時代は、ライブ・エンタテインメントへの参加スタイルも多様化へ／ぴあ総研が調査結果を公表」、２０２１年２月12日。
[72] Japan Concert Tickets, "The 5 Basics About the Japanese Ticketing System," Apr. 28, 2020.
[73] 児玉、「ぴあ・イープラス・ローチケが本気で取り組むチケット業界の働き方改革」、ORICON NEWS、２０２０年12月17日。
[74] Edison Research, "The Infinite Dial 2021," Mar. 11, 2021.
[75] Insider Intelligence, "Podcast Industry Report: Market Growth and Advertising Statistics in 2021," Jul. 29, 2021.
[76] A. Ha, "Amazon acquires podcast network Wondery," *TechCrunch*, Dec. 31, 2020.
[77] D. Gallagher, "Spotify Needs More Than a Cup of Joe," *The Wall Street Journal*, Nov. 27, 2020.
[78] 「ソニー、音声番組制作の英サムシンエルスを買収」、日本経済新聞電子版、２０２１年６月17日。
[79] A. Silberling, "Spotify's podcast ad revenue jumps 627% in Q2," *TechCrunch*, Jul. 29, 2021.
[80] IAB, "U.S. Podcast Advertising Revenue Study," May 2021.
[81] 佐藤、「Spotify、ポッドキャスト配信者向けサブスクを米国で正式提供－番組の収益化が可能に」、CNET Japan、２０２１年８月26日。
[82] T. Spangler, "Spotify Opens Podcast Subscriptions to All U.S. Creators, Who Can Now Charge Up to $150 per Month," *Variety*, Aug. 24, 2021.
[83] オトナル、「オトナル、朝日新聞社と共同で「ポッドキャスト国内利用実態調査」を実施。国内ユーザーは１、１００万人以上。新規利用者も増加傾向。」、２０２１年１月27日。
[84] 藤生、「Amazonも音声配信　「ながら聴き」需要争奪

戦」、日本経済新聞電子版、２０２１年１月14日．

▼第５章

〔1〕K. Draper, "Super Bowl Ratings Hit a 15-Year Low. It Still Outperformed Everything Else.," *The New York Times*, Feb. 9, 2021.

〔2〕D. Allentuck et al., "Baseball Saw a Million More Empty Seats. Does It Matter?," *The New York Times*, Sep. 29, 2019.

〔3〕三菱ＵＦＪリサーチ＆コンサルティング、「【速報】２０２０年スポーツマーケティング基礎調査」、２０２０年10月27日．

〔4〕三菱ＵＦＪリサーチ＆コンサルティング、「【速報】２０１６年スポーツマーケティング基礎調査」、２０１６年10月20日．

〔5〕沼澤、「若者たちに不人気な「スポーツ観戦」…東京五輪で若年層の視聴率は伸びた？ プロ野球中継のメイン視聴者は〝75歳以上〟説も…」、NumberWeb、２０２１年８月27日．

〔6〕渡辺、「ＮＢＡに続きＭＬＢも参入、デジタル資産ＮＦＴが米スポーツ界でブーム」、日経クロステック、２０２１年４月22日．

〔7〕NFL, "NFL, NFLPA and Dapper Labs announce new NFT deal to create exclusive digital video highlights," Sep. 29, 2021.

〔8〕K. Browning, "How 'Put That on Top Shot!' Became a New N.B.A. Mantra," *The New York Times*, May 13, 2021.

〔9〕Topps, "Topps Debuts its First MLB Baseball Card NFT Collection With Topps Series 1 Baseball Launch," Apr. 12, 2021.

〔10〕M. Shimano, "Naomi Osaka has signed on with Tom Brady's NFT company," *Boston.com*, Aug. 26, 2021.

〔11〕"Sorare launches legend NFTs in move beyond fantasy football," *Ledger Insights*, Sep. 24, 2021.

〔12〕佐藤、「プロ野球のパ・リーグ、ＮＦＴ事業に参入――西武ライオンズのコンテンツ販売開始」、coindesk JAPAN、２０２１年９月７日．

〔13〕Crypto Slam, NFT Collection Rankings by Sales Volume, https://www.cryptoslam.io

〔14〕Socios.com のウェブサイト、https://www.socios.com/fan-tokens/

〔15〕A. Eribake, "Crypto Tokens Net Top European Soccer Clubs Millions: Report," *Bloomberg*, Aug. 21, 2021.

〔16〕S. Evans, "Messi joins crypto craze as gets part of PSG fee in fan tokens," *Reuters*, Aug. 13, 2021.

〔17〕Socios.com のｉＯＳアプリ．

〔18〕Chiliz のウェブサイト、https://www.chiliz.com/en/our-story/

〔19〕S. Agini et al., "Cryptocurrency exchanges target sport sponsorships," *The Financial Times*, Aug. 10, 2021.

〔20〕新田、「フィナンシェ、クラブトークンで観戦収入補う」、日本経済新聞電子版、２０２１年９月12日．

〔21〕渡辺、「選手の給与も暗号資産で、米プロスポーツで契約が急拡大」、日経クロステック、２０２１年８月３日．

〔22〕B. H. Neghaiwi, "Launch of Facebook's Libra could be delayed over regulatory concerns: executive," *Reuters*, Sep. 27, 2019.

〔23〕川手、「中国人民銀行、仮想通貨を全面禁止　海外取引も違法に」、日本経済新聞電子版、２０２１年９月

24日.
［24］P. Riordan, "Gaming crackdown threatens China's esports dominance, warn players," *Financial Times*, Sep 12, 2021.
［25］K. Sayre, "The Upcoming NFL Season Is Crunch Time for Sports Betting," *The Wall Street Journal*, Aug. 20, 2021.
［26］D. Randall, "ARK Invest's Cathie Wood looks past rising consumer prices to focus on deflation," *Reuters*, Jul. 14, 2021.
［27］O. Rowe, "Fantasy sports in the US: who is playing?," *YouGovAmerica*, Feb. 9, 2021.
［28］J. Flint, "Amazon to Get Exclusive NFL Rights a Year Earlier Than Expected," *The Wall Street Journal*, May 3, 2021.
［29］J. Flint et al., "NFL's Media Deals Bring Thursday Night Football to Amazon, Super Bowl to ABC," *The Wall Street Journal*, Mar. 18, 2021.
［30］M. Schneider, "Year in Review: Top Rated Shows of 2020 — 'Jeopardy! GOAT,' 'NCIS,' 'The Masked Singer,' NFL Football Dominate," *Variety*, Dec. 29, 2020.
［31］S. Ovide, "Sports Are the Internet's Secret Key," *The New York Times*, Mar. 5, 2021.
［32］"The Future of Watching Sports," Sports Innovation Lab, Jul., 2020.
［33］K. Kerschbaumer, "Tokyo Olympics: Six Cool Innovations To Help Viewers Understand The Games in New Ways," *Sports Video Group*, Jul. 23, 2021.
［34］K. Tuyls et al., "Advancing sports analytics through AI research," DeepMind Blog, May 7, 2021.
［35］W. Page, "Twitch's Rockonomics", https://www.twitchrockonomics.com
［36］「ハイプトレイン出発進行」、Ｔｗｉｔｃｈブログ、２０２０年1月9日.
［37］T. Spangler, "Amazon, Twitch Unveil Enhanced Features for NFL 'Thursday Night Football' Live-Streams," *Variety*, Sep. 27, 2018.
［38］T. Soper, "Review: Amazon's Twitch NFL live stream shows potential future of live sports online," *GeekWire*, Oct.14, 2018.
［39］配信技術研究所、「コロナ禍でライブ配信が盛況　好調Ｔｗｉｔｃｈと巨人ＹｏｕＴｕｂｅの違いは?」、日経クロストレンド、２０２1年6月4日.
［40］R. Shaw, "Facebook: 'The Live Sports Broadcast Business Model Needs to Evolve'," *Sportico*, Mar. 3, 2021.
［41］渡辺、「コロナ禍で異例のスーパーボウル、5G訴求に人気ゲーム活用」、日経クロステック、２０２1年2月18日.
［42］A. Ocal, "Fortnite and the NBA team up for 'Fortnite x NBA: The Crossover' event," *ESPN*, May 19, 2021.
［43］R. Williams, "NBA's 2K Esports League Grows During Pandemic With Eyes On Expansion," *Sportico*, Jan. 19, 2021.
［44］A. Epstein, "When will esports join the Olympics?," *Quartz*, Jul. 31, 2021.
［45］木村、「ＩＯＣ、バーチャルスポーツ大会創設　五輪採用へ一歩」、日本経済新聞電子版、２０２1年7月5日.
［46］松本、「ｅスポーツ世界王者がセーリングで銅　ゲーム感覚を競技に生かす」、毎日新聞電子版、２０２１年８月４日.

［47］英語版ウィキペディア「Blaseball」、https://en.wikipedia.org/wiki/Blaseball

［48］G. Jackson, "Blaseball is Back. WTF Is Blaseball?," *VICE*, Mar. 3, 2021.

［49］Blaseball Wiki, https://www.blaseball.wiki/w/Main_Page

［50］P. Anderson, "Fans Are Rallying Around Blaseball, America's Favorite Splort," *Wired*, Mar. 16, 2021.

［51］渡辺、「戦術はファンの総意で決定、斬新なアメフトリーグが始動」、日経クロステック、２０２１年3月19日.

［52］J. Feldman, "What the Metaverse Means, And What It Means for Sports," *Sportico*, Aug. 17, 2021.

［53］T. Lorenz, "Digital Horses Are the Talk of the Crypto World," *The New York Times*, May 1, 2021.

［54］ZED.RUN, "Virtually Human Studio Revs Up Partnership with NASCAR," ZED Community, Sep. 30, 2021.

［55］G. Gastelu, "Fox's virtual Texas NASCAR race sets esports record with 1.3 million viewers," *Fox News*, Mar. 31, 2020.

［56］A. Silverman, "NFTs From MLB's Defunct 'Champions' Project See Secondary Market Resurgence as League Plots Next Crypto Move," Morning Consult, Mar. 19, 2021.

［57］OpenSea, MLB Champions, https://opensea.io/collection/mlb-champions

［58］J. Feldman, " La Liga Joins GreenPark's Virtual World in New Agreement," *Sportico*, Dec. 17, 2020.

［59］GreenPark Sports, "Sports Fans Around The World To Enter GreenPark Epic Mobile NFT Metaverse With Immutable X," May 26, 2021.

［60］D. Takahashi, "GreenPark Sports launches early access for sports and esports social platform," *Venture Beat*, Jan. 15, 2021.

［61］"Verizon and Entain join to develop VR sports experiences," *The Stadium Business*, Dec. 18, 2020.

［62］内田、「ＶＲでいきなりトップレベルを体験　競技力向上と低年齢化が加速」、日経クロステック、２０２１年6月.

［63］J. Feldman, "Devils Sign VR Deal as Cognitive Training Takes Off in Pandemic," *Sportico*, Apr. 22, 2021.

［64］STAPLES Center, "STAPLES Center Has Achieved GBAC STAR Facility Accreditation," Jul. 9, 2020.

［65］黒田、「オンラインで友人と熱狂、新型コロナで変わるスポーツ観戦」、日経クロステック、２０２０年5月29日.

［66］"#SBS20 Takeaway: Ramboll's recalibrated approach to venue sustainability," *The Stadium Business*, Dec. 18, 2020.

［67］Google, "Google and SoFi Stadium and Hollywood Park Sign Multi-Year Partnership to Power Digital Innovation and Personalized Fan Experiences with the Cloud," Sep. 11, 2020.

［68］上野、「ＮＴＴが世界最強のＩＴスタジアムで得た自信」、日経クロステック、２０１７年2月14日.

［69］「スマートスタジアム－ＮＴＴ×Ｂ２Ｂ２Ｘ－グループ経営戦略の取り組み」、ＮＴＴグループのウェブサイト.

［70］前田建設工業、「愛知県新体育館整備・運営等事業における落札者の公表について」、２０２１年2月17日.

［71］久我、「ＮＴＴドコモら8企業がタッグ、愛知に世界

基準の国内最大級アリーナ建設へ」、日経クロステック、2021年3月31日.
[72] 森、「プロ野球とビジネス」。観客動員数は同じでも、約8000億円の差はなぜ生まれるか」、パ・リーグインサイト、2018年5月24日.
[73] M. Brown, "MLB Sees Record $10.7 Billion In Revenues For 2019," *Forbes*, Dec. 21, 2019.
[74] J. Wagner, "M.L.B. Extends TV Deal With Fox Sports Through 2028," *The New York Times*, Nov. 15, 2018.
[75] J. Young, "Major League Baseball's new media rights deal with Turner Sports worth over $3 billion," *CNBC*, Jun. 15, 2020.
[76] T. Bassam, "MLB and ESPN agree "US$550m a year" new rights deal," *SportsPro*, May 14, 2021.
[77] 久我、「欧米に遅れたプロスポーツ、成長の鍵は価値の見極めと人材」、日経クロステック、2018年4月4日.
[78] Deloitte, "Annual Review of Football Finance 2020," Jun. 2020.
[79] 野村、「MLB、野球普及途上国でファンを「大量コンバート」」、日本経済新聞電子版、2019年11月23日.

▶第6章

[1] M. Paulson, "Curtains Up! How Broadway Is Coming Back From Its Longest Shutdown.," *The New York Times*, Sep. 13, 2021.
[2] P. Libbey, "When Does the Curtain Rise on Your Favorite Broadway Shows?," *The New York Times*, May 13, 2021.
[3] "Broadway's 'Aladdin' Returns Night After Getting Shut Down Due to COVID," *NBC New York*, Oct. 1, 2021.
[4] The Broadway League, "The Broadway League Reveals "The Demographics Of The Broadway Audience" for 2018-2019 Season," Jan. 13, 2020.
[5] The Broadway League, STATISTICS - BROADWAY IN NYC, https://www.broadwayleague.com/research/statistics-broadway-nyc/
[6] ぴあ、「ライブ・エンタテインメント市場がコロナ前の水準に回復するのは、最短で2023年／ぴあ総研が将来推計値を公表」、2021年9月27日.
[7] I. Keller, "Will you be able to watch Broadway shows online forever? What it could mean for live plays," *app.*, Aug. 18, 2021.
[8] S. Zeitchik, "Would you pay to stream endless musicals? Some Broadway insiders are quietly betting on it., " *The Washington Post*, Jun. 7, 2019.
[9] G. Evans, "NFTs To Make Broadway Debut: Seaview Teams With Nifty's, Playbill & Sony Music Masterworks For New Collectibles Venture," *Deadline*, Jul. 15, 2021.
[10] M. Hershberg, "Broadway Executives Starting Streaming Service To Rival BroadwayHD," *Forbes*, Apr. 14, 2020.
[11] R. Faughnder, "Forget Baby Yoda. 'Hamilton' is Disney+'s best new weapon in the streaming wars," *Los Angeles Times*, Jul. 6, 2020.
[12] G. Cox, "Broadway's Hottest Marketing Tool: Streaming Shows," *Variety*, May 28, 2021.
[13] S. Shevenock, "'Hamilton' on Disney+ Is Sparking Conversations About the Future of Digital Capture in Theater, " Morning Consult, Jul. 13, 2020.
[14] おけぴオンライン番組表（舞台関係／巣ごもり番組

表）、https://okepi.net/olive/

［15］大鹿、「劇団ノーミーツ、ＮＯ密で濃密な「会わない」若者の挑戦」、朝日新聞 Digital、２０２０年12月17日.

［16］全国学生オンライン演劇祭 公演配信ページ」オンライン劇場ＺＡ、https://za.theater/events/online-theater-contest

［17］北村、「ＶＲ演劇、主人公はあなた コロナ禍で生まれた映像作品」、日本経済新聞電子版、２０２１年２月９日.

［18］C. Hug, "What's The Future Of Musical Theater Post-Covid?," *BusinessBecause*, Sep. 8, 2021.

［19］C. Passy, "A 'Hamilton' Ticket for $849? Experts Call That a Bargain," *The Wall Street Journal*, Jun. 6, 2019.

［20］World Bank Open Data, https://data.worldbank.org, ２０１０年を１００とした２０１９年のＣＰＩから算出

［21］博報堂生活総合研究所、「生活定点１９９２－２０２０」、https://seikatsusoken.jp/teiten/answer/579.html

［22］古川ほか、「女子動員「嵐」超え ２・５次元ミュージカルの熱量」、日本経済新聞電子版、２０２０年３月１日.

［23］日本芸術文化振興会、「鑑賞行動に関するアンケート調査（演劇）」、２０１８年３月.

［24］The Broadway League, STATISTICS - TOURING BROADWAY, https://www.broadwayleague.com/research/statistics-touring-broadway/

［25］The Broadway League, Broadway's Economic Contribution to New York City 2018-2019 SEASON, https://www.broadwayleague.com/research/research-reports/

［26］内田、「国産ミュージカル新時代 自然な日本語、音楽に乗せて」、日本経済新聞電子版、２０２０年10月17日.

［27］林、「ロボット・イン・ザ・ガーデン 劇団四季の財産演目に」、ニッカンスポーツ・コム、２０２１年３月６日.

［28］兵藤ほか、「株式会社ホリプロ代表取締役社長・堀義貴氏 ロングインタビュー〈後編〉～オリジナル・ミュージカルの挑戦」、ＳＰＩＣＥ、２０１８年10月２日.

［29］特定複合観光施設区域整備推進会議、「特定複合観光施設区域整備推進会議取りまとめ～主な政令事項に係る基本的な考え方～」、２０１８年12月４日.

［30］「ＩＲ計画、３地域出そろう 「都市型」の大阪は１兆円超投資」、日本経済新聞電子版、２０２１年９月28日.

［31］「訪日客を魅了する街へ ＩＲ、効果と課題議論」、日本経済新聞電子版、２０１９年８月25日.

［32］M. Paulson, "Broadway's Box Office Keeps Booming. Now Attendance is Surging, Too.," *The New York Times*, May 29, 2019.

［33］The Broadway League , The Audience for Touring Broadway 2017-2018 SEASON, https://www.broadwayleague.com/research/research-reports/

おわりに

本書は、2019年と2021年に日経BP 総合研究所 未来ラボから、主に企業や教育機関を対象として出版した『エンターテインメント・ビジネスの未来2020〜2029』『同ポストパンデミック編』をベースに、一般読者用に大幅に加筆、情報を更新したものである。エンターテインメント産業に限らず、メディア産業についても並行して分析を試みたため、参考文献やビデオ資料、インタビューは膨大な量となり、その大半は英語によるものであった。

それらの収集には、ビジネス面での知人、友人以外に、著者が1970年代に米国のワシントン州立大学とウイスコンシン大学の大学院で当該分野を共に学び、現在は大学教授や政府高官として活躍している同級生たち、1980年代に米インディアナ大学とワシントン州立大学で指導した現役の業界経営者たち、そして2005年以降、主にビデオ回線を用いて教えたワシントン州立大学の卒業生で業界の中堅、若手専門職として活躍している数多くのプロフェッショナルたちの支援が不可欠であった。従って、本書は日本語で記述はされているものの、参考とした多くの欧米の経済誌や業界紙の記事がベースとして存在する。しかし、こうした記事を単に訳して編集するのではなく、さらに記載情報を検証、解明するために協力の手を差し伸べてくれた多くの欧米産業人の存在がなければ到底、正確に情報を咀嚼することはできなかったことを明記しておきたい。

また、前記の2つの著作と同様、編集者の域をはるかに超える丹念かつ緻密な記載情報の確認や補足、追記執筆、さらに図表の作成をご担当いただいた日経エレクトロニクス誌の元編集長である今井拓司氏のご支援に敬服、深謝するとともに、3年間にわたり、企画・編集にご支援をいただいた日経BPの高橋史忠氏、小林英樹氏、三宅賢一氏のご尽力にも謝辞を述べたい。

本書が、読者各位のエンターテインメント産業への理解とさらなる探究の牽引力となることを祈念する。

2021年10月
北谷賢司

著者プロフィール

北谷賢司（きたたに・けんじ）

米ワシントン州立大学レスター・スミス栄誉教授、同大学財団理事、金沢工業大学虎ノ門大学院教授、同大学コンテンツ&テクノロジー融合研究所所長。ワシントン州立大学卒、ウイスコンシン大学マジソン本校大学院にて通信法、メディア経営を専攻し、1981年に博士号を取得。ワシントン州立大学助教授に就任、放送報道、制作、経営を担当後、インディアナ大学に招聘され、テレコミュニケーション学部経営研究所副所長を務めた。学務と並行し、日本テレビ、TBSで国際事業顧問を務め、TBSメディア総研取締役、TBS米国法人上席副社長、東京ドーム取締役兼米国法人社長、ソニー本社執行役員兼米国ソニーEVPを経て、33年間滞在した米国から2004年に帰国。ソニー特別顧問、ぴあ社外取締役、ローソン顧問、エイベックス国際ホールディングス社長を歴任。1990年代に東京ドーム招聘興行担当役員としてNFL、NBA、ローリング・ストーンズの興行を日本初開催、U2、マドンナ、マイケル・ジャクソンほか多数のアーティストを招聘した。博士号を持つ伝説のプロモーター「ドクターK」として世界的に著名。2018～2019年にセリーヌ・ディオン、エド・シーランの来日ドーム公演も、米大手ライブエンタメ企業、AEGのアジア担当EVP、日本代表として手掛け、同社の名古屋、大阪のアリーナ建設権の取得にも寄与した。インターFM897取締役、ブロードメディア監査役も務める。主な著書に『エンターテインメント・ビジネスの未来2020-2029』『同ポストパンデミック編』『ライブ・エンタテインメント新世紀』『人を動かす力、お金を動かす力』など。

エンタメの未来2031

2021年11月22日　初版第1刷発行

著者　北谷 賢司
発行者　田中 祐子
発行　日経BP
発売　日経BPマーケティング
編集・執筆協力　今井 拓司
校正　ヴェリタ
アートディレクション　奥村 靫正（TSTJ inc.）
デザイン・制作　真崎 琴実（TSTJ inc.）
印刷・製本　図書印刷株式会社

ISBN978-4-296-11087-2